第1章

親権者決定・監護者指定

1　親権者の１人を監護者に指定する文例

1　当事者双方は、婚姻解消又は同居するまでの間、相手方を、当事者間の長女○○（平成○○年○月○日生）の監護者と定める。

2　当事者双方は、本件の合意は上記期間中に子の奪い合いがなされることを避けるために申立人が特に譲歩してなされたものであることを確認し、離婚時における親権者の指定については、本件の合意とは関係なく子の福祉の観点から別居協議する。

（調停協会・条項事例52頁［77］）

・—・—・—・—・—・—・—・—・—・—・—・—・—・—・

審判事例－主文

1　未成年者の監護者を申立人と定める。

2　相手方は、申立人に対し、未成年者を引き渡せ。

3　手続費用は、各自の負担とする。

（福岡家八女支審平成28年11月30日消費者法ニュース111号305頁〔28251457〕）

・—・—・—・—・—・—・—・—・—・—・—・—・—・—・

特殊事情・背景

・民法766条１項は、父母が離婚する場合の監護者の指定を定めているが、父母が離婚前の婚姻別居中である場合、父母の共同親権が存続しているが、現実に子を監護している親権者の監護状況が子どもにとって望ましくないときに、子どもを監護していない親権者が子どもの監護者の指定と子どもの引渡しを求めることになる。

・審判事例として引用した上記福岡家裁八女支部の審判は、夫婦が別居中であり、妻が未成年者である子（17歳）を監護している場合において、妻が宗教団体に参加しており、その結果、監護環境に未成年者の福祉を害する看過できない問題が認められるとして、夫が子の監護者の指定と子の引渡しを請求し、その請求が認容された事案である。

基礎知識

子の監護者の指定は、民法766条１項の「父母が協議上の離婚をするときは、子の監護をすべき者、父又は母と子との面会及びその他の交流、子の監護に要する費用の分担その他の子の監護について必要な事項は、その協議で定める。この場合においては、子の利益を最も優先して考慮しなければならない。」に基づいて認められている。

父母の離婚後は、現在のところ、単独親権になるため、子どもの親権者と子どもの監護者が別々になるのは、特別な場合になると思われるが（この点については、本章２を参照）、父母の離婚前の婚姻別居中に、子どもを現実に監護しているのは、父母の一方になるため、親権者であるが子どもを監護していない親が自己に子どもの監護者の指定と子どもの引渡しを求めることがあり得ることとなる。

サンプル条文のポイント

●サンプル１▶▶▶審判前の保全処分に基づく場合●

１　未成年者Ｃ及び未成年者Ｄの監護者を仮に申立人と定める。
２　相手方は、申立人に対し、未成年者Ｃ及び未成年者Ｄを仮に引き渡せ。
３　手続費用は各自の負担とする。

（東京家審平成28年４月７日判タ1446号139頁〔28260146〕）

●サンプル２▶▶▶人身保護法に基づく場合●

１　被拘束者を釈放し、請求者に引き渡す。

2　手続費用は、拘束者の負担とする。
（東京地判平成28年７月13日平成28年（人）４号公刊物未登載〔29019264〕）

解　説

1　親権者の指定と監護者の指定

父母が離婚前の婚姻別居中である場合、父母の共同親権は存続しているため、父母とも親権者である。しかし、父母が別居している限り、どちらか一方しか現実の監護者となり得ない。そこで、現実に子を監護している親権者の監護状況が子どもにとって望ましくないときには、子どもを監護していない親権者は、自己を子どもの監護者として指定することと子どもの引渡しを裁判所に求めて争うこととなる。

父母が離婚する場合には、現在のところ、父母のどちらか一方を親権者と定めなければならないため、親権者にならなかった親を監護者として指定できるかという問題が生ずることとなる。離婚後の親権について、選択的共同親権制度の立法化が検討されているが、離婚後も共同親権制度が選択された場合には、親権者と監護者の分属という問題は、父母のどちらか一方だけが親権者兼監護者となるという問題に変わることになる。

2　監護者の指定～文例の考え方

本文例は、離婚前の婚姻別居中に父母の一方を、離婚によって婚姻を解消する又は別居を解消して同居するまでの暫定的なものとして、子の監護者と定めるものであるが、子どもの奪い合いを避けるための妥協的な措置にすぎず、離婚時における親権者指定の判断要素とはしないことを前提とする合意である。いったん子どもの監護者を指定してしまうと、既成事実として離婚後の単独親権者にも指定されるおそれがあるため、そのような懸念を排除するための合意文例として参考となろう。

文例に挙げた審判事例の主文は、子どもの監護者の指定と子どもの引渡しの審判をした文例であるが、サンプル１は、同様な内容を審判前の保全処分によってする場合である。子の監護に関する処分の審判前の保全処分は、家事事件手続法157条１項３号において、「強制執行を保全し、又は子その他の利害関係人の急迫の危険を防止するため必要があるとき」に、子の監護に関する処分の審判を本案とする保全処分を命ずることができるものとされている。なお、引用した東京家庭裁判所平成28年４月７日の保全処分を認容した審判は、抗告審である東京高等裁判所平成28年６月10日の決定で取り消されている。

サンプル２は、子どもの監護者指定の文例ではないが、子どもの引渡請求について、人身保護規則４条が子どもの拘束の違法性が顕著であることを要件としており、この要件に該当すれば、人身保護法に基づく子どもの引渡しを簡易迅速に実現することができる。したがって、参考までにサンプル２として最近の事例を挙げておくこととした。なお、同規則５条は、人身保護法に基づく請求につき、「被拘束者の自由に表示した意思に反してこれをすることができない。」と定めているが、最判平成30年３月15日民集72巻１号17頁〔28261185〕は、13歳の子どもが意思を表明している場合であっても、それが子どもの自由意思に基づいているとはいえない特段の事情があるときは、拘束に該当して人身保護請求をなし得ると判断している。

●参考判例・審判例●

東京家審平成28年４月７日判タ1446号139頁〔28260146〕
東京高決平成28年６月10日判タ1446号136頁〔28260144〕
東京地判平成28年７月13日平成28年（人）４号公刊物未登載〔29019264〕
福岡家八女支審平成28年11月30日消費者法ニュース111号305頁〔28251457〕
最判平成30年３月15日民集72巻１号17頁〔28261185〕

2　親権者と監護者を別々に指定する文例

1　事件本人の親権者を相手方から申立人に変更する。
2　事件本人の監護者を相手方と指定する。
3　事件本人の引き渡しを求める申立人の申立てを却下する。
(以下略)

(福岡家審平成26年12月4日判時2260号92頁〔28232897〕)

・—・—・—・—・—・—・—・—・—・—・—・—・—・—・

審判事例－理由

子の身上監護を行うべき親に監護権を含む親権を委ねることが子の福祉にかなう場合が多いことから、親権と監護権とを分属させないことが原則であるけれども、親権と監護権とを分属させることが子の福祉にかなうといえる特段の事情がある場合にはその限りでないと解される。(中略)

本件においては、親権と監護権とを分属させ、当事者双方が事件本人の養育のために協力すべき枠組みを設定することにより、相手方の態度変化を促すとともに、子を葛藤状態から解放する必要があること、申立人には、親権者として事件本人の監護養育の一端を担う十分な実績と能力があること、事件本人の監護を相手方から申立人に移すことを躊躇すべき事情が認められることからすると、親権と監護権とを分属させることが子の福祉にかなうといえる特段の事情が認められ、親権と監護権とを分属させる積極的な意義があると評価できる。

(前掲平成26年福岡家審)

・—・—・—・—・—・—・—・—・—・—・—・—・—・—・

特殊事情・背景

・親権者と監護者とを分属させないのが原則であるが、子どもの福祉に資する特段の事情がある場合には、親権者と監護者を別々に指定することも認められる。
・審判事例に挙げた理由は、離婚後の共同監護体制を構築するという積極的な意義を重視していると評価できるものである。

基礎知識

親権者指定と監護者指定は、原則として、分属させない方が子どもの福祉に適しているように思われる。親権の内容は、身上監護権と財産管理権であるが、これらは統一的に行使される方が子どもの利益に合致すると思われるからである。現在のところ、離婚後は単独親権となるため、父母の一方が名目的な親権にこだわった場合の妥協的な措置として、親権と監護権を分属させるのは、子どもの利益に反するおそがある。

しかし、そのような妥協的な措置ではなく、積極的に離婚後の父母の共同監護体制を構築するための措置として、親権者と監護者を別々に指定することは、許容し得るものであると思われる。もっとも、そのような体制を構築することには、一定の困難も伴っているため、親権と監護権という権利の分属ではなく、親責任の共同化であるという意識付けが重要ではないかと思われる。そのためには、離婚に伴って、親責任の共同化のための親ガイダンスが積極的に行われることが必要ではないかと考える。

サンプル条文のポイント

●サンプル１▶▶▶監護権者変更のみによる場合●

> 未成年者らの各監護者を申立人に変更する。
>
> （横浜家審平成21年１月６日家月62巻１号105頁〔28160172〕）

●サンプル2▶▶▶指定を却下した原審判を取り消して監護者指定をした場合●

1　原審判を取り消す。
2　未成年者の監護者を抗告人と指定する。
3　相手方は、抗告人に対し、未成年者を引き渡せ。
4　手続費用は、原審及び抗告審とも各自の負担とする。
（大阪高決平成30年3月9日家庭の法と裁判18号63頁〔28264560〕）

解　説

本文例は、相手方である母親が、子どもに対して、申立人である父親を拒絶するように仕向け、子どもの福祉を侵害しており、相手方を親権者と指定する前提であった面会交流の実施も相手方により妨害されているため、申立人である父親には、親権者変更を求める以外に面会交流の確保に向けてとり得る手段がないことなどを主張して、親権者変更及び子の引渡しなどを求めた事案において、親権者を相手方から申立人に変更するが、子どもの監護者には相手方を指定するとした事例である。

サンプル1は、相手方の妻であった申立人が、相手方が申立人の同意なく未成年者らの親権者を相手方と定める協議離婚届を提出したと主張して、未成年者らの各親権者を相手方から申立人に変更することを求めた事案であるが、未成年者らの監護については現時点で母親である申立人に任せるのが未成年者らの福祉にかなうとしつつ、申立人の金銭管理能力に大きな不安があり、親権者の職務には財産管理も含まれることを考慮すれば、未成年者らの親権者を父親である相手方とし、監護権者は申立人とするのが相当であるとして、未成年者らの各監護者を申立人に変更したものである。したがって、未成年者らの親権者は相手方である父親のままとし、監護権者を申立人である母親に変更するとして、親権者と監護者を別々に指定することとなったものである。

サンプル2は、父親と母親が離婚の際、離婚後の親権者は母親とするが、離婚後も父親である申立人が未成年者を監護養育することを合意していたと主張して、未成年者の監護者を父親と指定し、未成年者を引き渡すことを請求したところ、原審が各申立てをいずれも却下したため、申立人であった父親（抗告人）が抗告した事案で、未成年者の従前の主たる監護者は抗告人であり、その監護に問題がなかったところ、相手方による監護は著しく相当性を欠く引渡しを契機に開始されており、未成年者が抗告人に親和していることや抗告人の予定する監護体制に問題がないことからすれば、監護の現状が安定的であるとしても未成年者の監護者を抗告人と指定すべきであり、原審判を取り消して、未成年者の監護者を抗告人と指定し、相手方は、抗告人に対し、未成年者を抗告人に引き渡せと命じた事例である。

●参考判例・審判例●

横浜家審平成21年１月６日家月62巻１号105頁〔28160172〕
福岡家審平成26年12月４日判時2260号92頁〔28232897〕
大阪高決平成30年３月９日家庭の法と裁判18号63頁〔28264560〕

3　親権者を指定する文例

当事者間の長男○○（平成○○年○月○日生）及び長女（平成○○年○月○日生）の親権者をいずれも母である申立人と定め、今後同人において監護養育する。

（調停協会・条項事例14頁［19］）

・―・―・―・―・―・―・―・―・―・―・―・―・―・―・

判決事例－主文

原告と被告との間の長男（平成21年○○月○○日生）及び二男（平成24年○月○○日生）の親権者をいずれも原告と定める。

（東京家判平成30年３月15日平成27年（家ホ）575号等公刊物未登載）

・―・―・―・―・―・―・―・―・―・―・―・―・―・―・

特殊事情・背景

・現在の離婚後の単独親権制度のもとでは、親権者の指定は、離婚の要件となっている。民法819条１項は、「父母が協議上の離婚をするときは、その協議で、その一方を親権者と定めなければならない。」と定め、同条２項は、「裁判上の離婚の場合には、裁判所は、父母の一方を親権者と定める。」と定めている。

・したがって、協議離婚の場合、離婚届に未成年の子どもがいるときは、その子どもの親権者がどちらになるのかを記載しなければ、離婚届が受理されない。また、調停や裁判の場合、どちらかを親権者と指定しなければならない。調停や裁判の場合、調停の成立や裁判の確定によって親権者指定の効果が発生することになるため、「申立人を親権者と定める。」というように表現するものとされている。

基礎知識

親権者の指定は、現在の離婚後の単独親権制度のもとでは、離婚の実質的要件の１つと解している学説も多い。そもそも離婚の成否と親権者の選択とは条件関係に立つものではないが、民法819条が離婚するときは親権者を定めなければならないとしているため、離婚の要件となるものと解されているのである。なお、離婚を認容する判決においては、家庭裁判所は職権で親権者の指定をしなければならない（人事訴訟法32条３項）。

現在、離婚後の選択的共同親権制度が立法課題として検討されている。平成31年２月に法務省は、離婚後の選択的共同親権制度の導入に向けた本格的な検討を開始したと報道されている。欧米諸国では、選択的共同親権制度が既に採用されている国もある。その背景には、共同親権制度を共同親責任制度ととらえなおす考え方があるのであって、単に親の放棄もなし得る権利としての共同監護制度を目指しているものではないと考えるべきであろう。

解　説

本文例は、離婚調停における調停条項として、離婚条項とともに親権者を定める場合の文例を挙げておいた。

本文例においては、子どもの生年月日や今後の監護養育に関しても触れられている。子どもを特定できる限り、子どもの生年月日は必ずしも記載しなくてよいが、養育費の定めが置かれる場合には、その支払の終期を明確にするために生年月日を記載することが有益であるとされている。また、今後の監護養育についても、必ずしも記載しなくてよいが、当事者が理解しやすいようにするための配慮として、調停条項には記載することが多いとされている（以上、調停協会・条項事例18頁）。

判決事例には、最もシンプルな親権者指定の判決の主文を掲げておいた。ここでも、子どもの生年月日が記載されているのは、必ずしも子どもの特定に必要だからではなく、離婚判決の附帯処分で養育費の支払終期を明確にするためであろうと思われる。現に、判決事例の主文の第1項から第3項までは、次のようになっている。

1　原告と被告とを離婚する。
2　原告と被告との間の長男（平成21年○○月○○日生）及び二男（平成24年○月○○日生）の親権者をいずれも原告と定める。
3　被告は、原告に対し、第2項の子らの養育費として、本判決確定の日の翌日からそれぞれが満20歳に達する日までの間、毎月末日限り、各月額6万5,000円を支払え。
(以下略)

（前掲平成30年東京家判）

●参考判例・審判例●

東京家判平成30年3月15日平成27年（家ホ）575号等公刊物未登載

4　子ども別に親権者を指定する文例

1　未成年者Ａ、同Ｂの親権者は相手方、監護者は申立人と定める。
2　未成年者Ｃの親権者は申立人と定める。

（横浜家審平成５年３月31日家月46巻12号53頁〔28173319〕）

・―・―・―・―・―・―・―・―・―・―・―・―・―・―・

審判事例－理由

未成年者らの親権者については、未成年者らの年齢を考慮して年長であるＡ、Ｂの親権者は相手方と定め、年少のＣの親権者は申立人と定めるのが相当である。すなわち、未成年者らの人格形成の観点から検討すると、特に年長のＡ、Ｂと相手方との従来の情緒的関係を見ると、相手方の関与が不可欠であると考えられる。相手方には多少一方的で強引な傾向があるとしても、相手方のこれまでに果した父親としての未成年者らに対する責任感、愛情は他をもって代替できないものということができ、これを継続させることが未成年者らの福祉に沿うものということができる。父母の離婚によって単独親権者となることはやむを得ないことであるが、未成年者らの健全な人格形成のために父母が協力することが可能である場合には、協力関係が形成されることが望ましいことはいうまでもなく、幸いに本件においては、申立人と相手方とは、未成年者らの養育全般について、その福祉に沿うように配慮し努力することができる能力を有するものと認められる。

（前掲平成５年横浜家審）

・―・―・―・―・―・―・―・―・―・―・―・―・―・―・

特殊事情・背景

・未成年の子どもが複数いる場合の離婚において、子ども別に親権者を定めることができるかも問題である。
・本文例の審判事例では、離婚後の共同監護体制を構築するという積極的な意義を認めて、親権も子ども別に指定しているが、親権者と監護者の分属と同様に考えてよいかが問題となろう。

基礎知識

親権者の指定は、離婚の実質的要件の１つと解されているが、未成年の子どもが複数いる場合に、子ども別に親権者を指定してよいのかどうかも問題となる。

親権者と監護者は、離婚後の共同監護体制を構築するという積極的な意義を認めることによって、別々に指定・分属させてよい例外的な取扱いが認められると考えられているが、親権者についても別々に指定・分属させてよいかも検討に値するであろう。

もしそのような親権の分属を認めるべき特段の事情が認められるのであれば、本文例で示したような条項を定めることとなる。

解　説

本文例は、審判条項を示したものであるが、協議離婚の場合には、離婚届にそれぞれの未成年の子どもの親権者が誰になるのかを記載すればよいこととなり、現在の離婚届の書式でも、それは十分に可能になっている、調停離婚や裁判離婚の場合には、文例に示したような文を記載することとなろう。

審判事例で掲げた横浜家庭裁判所の審判は、その後の抗告審において取り消され、未成年者Ａ及びＢの親権者も抗告人（原審判の申立人）と定められるに至った。その理由としては、「もとより、両親が離婚したとしても、未成年者の健全な人格形成のために父母の協力が十分可能であれば、監護権と親権とを父母に分属させることもそれはそれとして適切な解決方法である場合もあるとしても、先に認定したとおりの抗告人と相手方の性格、両者の関係等に鑑みると、本件において双方の適切な協力が期待され得る状況にあるとは思われず、前記のとおり監護者として適当な抗告人から親権のみを切り離して相手方に帰属させるのが適当であるとは認め難い。そして、先に認定したとおり、相手方と未成年者らとの関係は現在概ね良好であるので、親権者を抗告人と定め、相手方は親権者とならなくても、相手方としては、従前のような面接交渉を通じて、未成年者らに対し愛情をもって接し、良好な父子関係を保つことは可能であると考えられる。以上の考察からすると、未成年者らの親権者はすべて抗告人と定めるのが相当である。」と判断している（東京高決平成５年９月６日家月46巻12号45頁〔28019157〕）。

したがって、抗告審の主文は、次のようになっている。

原審判主文第一項を取り消す。
未成年者Ａ、同Ｂの親権者を抗告人と定める。
（東京高決平成５年９月６日家月46巻12号45頁〔28019157〕）

●参考判例・審判例●
横浜家審平成５年３月31日家月46巻12号53頁〔28173319〕
東京高決平成５年９月６日家月46巻12号45頁〔28019157〕

5　父母以外を監護者に指定する文例

未成年者の監護者を未成年者の祖父母と定める。

（さいたま家審審判年月日不詳）

・―・―・―・―・―・―・―・―・―・―・―・―・―・―・

審判事例－上記抗告審による却下の理由

未成年の子に父母があり、その一方が親権者として定められている場合に、未成年の子の父母以外の親族が自らを監護者として指定することを求めることは、家事審判法第９条第１項乙類第４号の定める審判事項には当たらないというべきである。その他、同法その他の法令において上記の場合に未成年の子の父母以外の親族が自らを監護者として指定することを求めることを家庭裁判所の審判事項として定める規定はない。したがって、相手方らの本件申立ては、法により家庭裁判所の審判事項として定められていない事項について家庭裁判所の審判を求めるものというほかはないから、不適法として却下すべきである。

（東京高決平成20年１月30日家月60巻８号59頁〔28141781〕）

・―・―・―・―・―・―・―・―・―・―・―・―・―・―・

特殊事情・背景

・未成年の子どもにつき、父母以外の親族（ここでは未成年者の祖父母）を子どもの監護者に指定できるのかも問題となる。
・第三者による子どもの監護者の指定の申立ての可否については、審判例が分かれている。
・父母が不適切な監護をしてしていない場合、父母が親権を停止あるいは喪失させられない以上は第三者の監護に委ねることができないのも困るのではないかと思われる。
・そうだとすれば、民法766条の申立権者は広く解してもよいのではないかと思われる。

基礎知識

子どもの監護者の指定は、現在は、家事事件手続法別表第２第３項において審判事項として定められている。子どもの父母以外の親族が子どもの監護者になり得るかという問題と父母以外の親族が監護者指定の審判の申立権者になり得るかという２つの問題が存在する。

第１の監護者の問題については、父母以外の親族が子どもの監護者になり得ないとすると、子どもの利益は著しく害されることになりかねない。したがって、父母以外の親族も子どもの監護者に指定できると考えるべきであるが、仮に審判では指定できないとしても、当事者間の協議によって、父母以外の親族を子どもの監護者に指定することはできると解すべきであろう。

また第２の申立権者の問題についても、父母以外の親族が利害関係人として申立権を否定されるべきではないのではないかと思われる。

サンプル条文のポイント

●サンプル１▶▶▶祖母を監護者に指定する保全処分の場合●

１　原審判中未成年者Ａに関する部分を取り消す。
２　未成年者Ａの監護者を、本案事件につき審判がなされるまで仮に抗告人と定める。
３　相手方らは、抗告人に対し、未成年者Ａを仮に引き渡せ。
（以下略）

（福岡高決平成14年９月13日家月55巻２号163頁〔28080435〕）

●サンプル２▶▶▶母方の祖母を監護者に指定する場合●

未成年者Ｄの監護者を申立人（筆者注：未成年者の祖母）と定める。

（金沢家七尾支審平成17年３月11日家月57巻９号47頁〔28101707〕）

解　説

本文例は、東京高等裁判所平成20年１月30日の決定によって取り消されたさいたま家庭裁判所の審判例（年月日は不詳）の主文である。東京高裁が取り消した理由については、審判事例の却下理由を掲げておいたが、この点については、肯定例と否定例とがある。したがって、サンプル１及びサンプル２においては、肯定例を掲げておくこととした。

サンプル１は、未成年者Ａに対して相手方である父親の暴力や性的虐待が加えられている可能性が極めて高く、原審判後、一時保護先であった児童相談所から逃走して抗告人である祖母のもとにかくまわれているという事案について、原決定が祖母である抗告人の監護者指定の保全処分の申立てを却下したことにつき、「事件本人Ａの状況は、同児の福祉に反することは明らかであって、現時点においては、同児の生活環境を早期に安定させる必要があるから、保全の緊急性もまたこれを認めることができる。そして、同児の早急な生活の安定を図るためには、現在未成年者Ａが望んでいる抗告人による監護につき法的根拠を付与することが必要であると解せられる。」とし、「原審判中未成年者Ａについての保全処分の申立てを却下した部分は相当でないからこれを取り消し、同児の監護者を仮に抗告人と定め、相手方らに対して未成年者Ａの仮の引渡を命ずる」こととした決定の主文である。

サンプル２は、父母が子どもに対して著しい虐待を繰り返しており、母方の祖母が自分を子どもの監護者に指定することを求めた事案について、「父母が子の監護権に関する合意を適切に成立させることができず子の福祉に著しく反する結果をもたらしている場合には、家庭裁判所の権限につき民法766条を、請求権（申立権）者の範囲につき民法834条をそれぞれ類推適用し、子の親族は子の監護に関する処分事件の申立権を有し、同申立てに基づいて、家庭裁判所は、家事審判法９条１項乙類４号（筆者注：現在は、家事事件手続法別表二の３項）により子の監護者を定めることができるというべきである。」と判断した審判例の主文である。

そして、この審判例では、「子の父母ではない者を子の監護者に指定することができるか、について検討するに、民法766条１項は、家庭裁判所が定める監護者の範囲について、これを父母のみに制限する明文の規定をおかないばかりか、子の福祉の観点から見て父母以外の者が監護者として最適任という場合もあり得るから、父母が親権をその本来の趣旨に沿って行使するのに著しく欠けるところがあり、父母にそのまま親権を行使させると子の福祉を不当に阻害することになると認められるような特段の事情がある場合には、父母の意思に反しても、子の父母ではない者を子の監護者に指定することができるというべきである。」と判断している。

●参考判例・審判例●

福岡高決平成14年９月13日家月55巻２号163頁〔28080435〕
金沢家七尾支審平成17年３月11日家月57巻９号47頁〔28101707〕
東京高決平成20年１月30日家月60巻８号59頁〔28141781〕

Column 1　選択的共同親権制度

父母が婚姻している場合には、父母の共同親権なのですが、父母が離婚した場合には、父母のどちらか一方を親権者に指定しなければならないという離婚後単独親権制度が採用されています。しかし、諸外国で離婚後共同親権制度を採用することが増えており、日本でも離婚後共同親権制度を導入すべきかどうか議論されています。

離婚後共同親権制度については、現在、選択的共同親権制度を採用すべきかどうかも検討されています。選択的共同親権制度とは、離婚後の子どもの親権について、現行法どおりに父母の一方を親権者に指定する「単独親権」と、父母の両方が離婚後も共同親権者となる「共同親権」のどちらかを選択できる制度です。

離婚後共同親権制度の導入をめぐる政治的な動きとしては、平成23年の民法の親権制度改正の際、離婚後の共同親権・共同監護の可能性など、多様な家族像を見据えた制度全般にわたる検討をする旨の附帯決議がなされました。その後、様々な形で諸外国の親権制度の調査研究が行われ、平成31年３月には、法務省から外務省に対し、24か国を対象として離婚後の親権制度や子の養育の在り方等についての調査を依頼し、令和２年４月にその結果が公表されました。

そもそもの親権制度の理解については、自然権としての親の権利保障制度と理解するのか、それとも、親としての親責任制度と理解するのかによって、共同親権の意味が違ってきます。親の権利性を強調すると、虐待行為などによって子どもの福祉が侵害される危険性も出てきます。親責任を強調すると、父母はどんなにいがみ合っていようとも、子どもの福祉のためには共働しなければならない義務を課すことになります。したがって、親権の意味を問い直すことが今後の議論の前提にならなければならないのではないかと思います。

Column 2　親権と児童虐待

親権の内容には、身上監護権と財産管理権を含んでいます。民法820条は、「親権を行う者は、子の利益のために子の監護及び教育をする権利を有し、義務を負う。」と定めて、包括的な身上監護権を定めているものと解されています。民法822条は、身上監護権の一環として、「親権を行う者は、第820条の規定による監護及び教育に必要な範囲内でその子を懲戒することができる。」と定めて、親権者の懲戒権を定めています。

児童虐待との関係で、この懲戒権規定を改正すべきかどうか現在検討されています。懲戒権規定があるから児童虐待が発生するわけではありません。虐待親がこの規定を認識して虐待行為を行っているわけではないからです。しかし、虐待が発覚した場合、虐待親は「子どもをしつけて何が悪い」と言い張り、しつけの根拠として懲戒権規定を挙げ、自らの虐待行為を正当化することが多いのです。したがって、児童虐待の正当化のために利用されているのが懲戒権規定であり、見直しが図られているのです。

親の子どもに対するしつけは、子どもにとって大事です。子どもが社会化していくためには、家庭内でのしつけと学校などでの教育が不可欠でしょう。しかし、適法なしつけと違法な虐待の区別は困難です。児童虐待防止法の定義では、たとえば、身体的虐待については「児童の身体に外傷が生じ、又は生じるおそれのある暴行を加えること。」と定義され（同法２条１号）、けがをするかしないかを区別の基準にしています。そうすると、けがをしないような体罰は虐待に該当しないことになってしまいます。

そこで令和元年に児童虐待防止法が改正され、「児童の親権を行う者は、児童のしつけに際して、体罰を加えることその他民法（明治29年法律第89号）第820条の規定による監護及び教育に必要な範囲を超える行為により当該児童を懲戒してはならず、当該児童の親権の適切な行使に配慮しなければならない。」（14条）という条文が設けられました。また同時に、親権の懲戒権規定の見直しを図ることが決定されたわけです。民法820条に基づいて適法なしつけはなし得るのですから、懲戒権規定は削除してもよいのではないかと思います。

第2章

養育費の分担

1　養育費の分担の毎月払の文例

1　相手方は、申立人に対し、当事者間の長男○○（平成○○年○月○日生）及び長女（平成○○年○月○日生）の養育費として、平成○○年○月から同人らがそれぞれ成人に達する月まで1人につき1か月金37,000円ずつを、毎月○日限り、「○○○○」名義の郵便局通常貯金口座（記号○○○○○、番号○○○○○○○○）に振り込む方法により支払う。

（調停協会・条項事例41頁〔55〕）

・—・—・—・—・—・—・—・—・—・—・—・—・—・—・

審判事例－主文

一　相手方は、申立人に対し、6万円及び平成26年○○月から未成年者が20歳に達する日の属する月まで、毎月末日限り2万円を支払え。

二　手続費用は各自の負担とする。

（大阪家審平成26年9月19日判タ1417号395頁〔28234078〕）

・—・—・—・—・—・—・—・—・—・—・—・—・—・—・

特殊事情・背景

・子どもの養育費に関しては、父母の婚姻中は婚姻費用の分担として父母間の協議によって養育費の分担が定められるが、父母の離婚後は子の監護に関する費用の分担として、民法766条1項に基づき、父母間の協議によって定められることとなる。

・離婚後の子の監護に関する費用の分担の法的本質は、民法877条1項に定められている直系血族間の扶養義務に該当するものと考えられる。

・民法766条1項に子の監護費用の分担が明記されたことから、離婚届にも、「未成年の子がいる場合、次の□のあてはまるものにしるしをつけてください。」との指示が記載され、「（養育費の分担）□取決めをしている。　□まだ決めていない。」

というチェック欄がもうけられている。

基礎知識

子の監護に関する費用の分担（＝養育費の分担）は、離婚後に子どもが貧困状態に陥らないようにするために不可欠な措置である。子どもをもうけた親の第１の責任として、子どもが成長するまでは、養育費を分担する責任をまっとうしなければならない。

養育費の支払について、毎月払方式を採用すると、重要になってくるのが、分担額と分担義務の始期・終期である。いつからいつまでいくら支払わなければならないのかを明確にしておかなければならない。養育費分担義務の終期については、令和４年４月１日から成年年齢が20歳から18歳に引き下げられるため、そのことも念頭に置いて終期を定めなければならない。

サンプル条文のポイント

●サンプル１▶▶▶暫定的な養育費分担額を定める場合●

３　被告は、原告に対し、平成30年９月から原告と被告との間で養育費の額が原被告間の確定的合意、調停の成立又は審判の確定によって確定的に定まるまでの間、毎月末日限り40万円を支払え。

（東京地判平成30年９月19日平成30年（ワ）10070号公刊物未登載〔29053151〕）

●サンプル２▶▶▶私立高校進学に基づく計算の未払額の支払を認める場合●

一　相手方は、申立人に対し、51万9,000円を支払え。
二　相手方は、申立人に対し、平成28年７月から上記未成年者が満20歳に達する日の属する月まで、毎月末日限り、月額９万7,000円を支払え。
三　手続費用は各自の負担とする。
（神戸家姫路支審平成28年７月１日判時2322号72頁〔28251286〕）

解　説

1　養育費分担額の決定基準～簡易算定表の考え方

養育費の分担額の決定基準については、東京及び大阪の家庭裁判所の裁判官らが作成した『養育費・婚姻費用算定表』（以下、単に「簡易算定表」という）によることが多くなっている。養育費の簡易算定表は、父母双方の収入を縦軸と横軸にとり、その交点となる金額を子どもの１月当たりの養育費額とする簡易な算定表である。

子どもの養育費について、長い時間をかけて争うと、それだけでかえって子どもの生活に支障を来す危険性があるため、この簡易な算定表によって迅速な解決を図ることも重要である。

簡易算定表は、平成15年４月に公表されたものであるが、令和元年12月に簡易算定表については大きく改訂された。この新しい簡易算定表については、裁判所のホームページからアクセスすることができる。

2　養育費分担の始期と終期～文例・サンプルの考え方

本文例は、養育費分担の始期と終期、金額、弁済期、振込口座を明記する標準的な文例である。子どもの生年月日は必ずしも記載しなくてよいが、支払の終期を明確にするために生年月日を記載することが適切であるとされている（調停協会・条項事例41頁)。ここでは終期を成人に達するまでとしているが、成年年齢が18歳に引き下げられる令和４年４月１日以降は、子どもが18歳を迎えても大学生等である場合には、まだ扶養の必要性が消滅しているわけではないため、審判事例の主文のように、「未成年者が20歳に達する日の属する月まで」というように定めなければならない。

サンプル１は、父母の協議によって養育費額が定まらない場合に、調停などによって養育費額が定まるまでの暫定的な養育費額を定めるときの文例である。養育費の簡易算定表に基づくという合意が形成されるようになれば、このような暫定的な合意はあまり使われなくなるかもしれない。しかし、簡易算定表は、あくまでも標準的な金額を定めているだけであって、例えば、子どもに障がいがあって治療費の負担が重いなどの特別な事情がある場合には、簡易算定表だけでは養育費額を決定できないため、サンプル１のような暫定的な合意も必要となる。

サンプル２は、子どもの養育費について、毎月払方式で定めているものであるが、未成年者が私立高校に進学することに同意していたため、学費及び入学金が免除されていることも考慮して、簡易算定表において考慮されている公立高校の学校教育費相当額を超過する金額については、申立人と相手方とで、基礎収入に応じて按分して負担するのが相当であるとし、そのような計算に基づいて未払額の支払を命じたものである。

●参考判例・審判例●

大阪家審平成26年９月19日判タ1417号395頁〔28234078〕
神戸家姫路支審平成28年７月１日判時2322号72頁〔28251286〕
東京地判平成30年９月19日平成30年（ワ）10070号公刊物未登載〔29053151〕

2　養育費の分担の一括払の文例

1　相手方は、申立人に対し、当事者間の長男○○（平成○○年○月○日生）が成年に達するまでの養育費として、平成○○年○月から同人が成人に達する月まで、1か月金5万円並びに7月及び12月には同金額に各金5万円を加算した額を、毎月○日限り、○○○○名義の郵便局通常貯金口座（記号○○○○○、番号○○○○○○○○）に振り込む方法により支払う。

（調停協会・条項事例42頁［56］）

・—・—・—・—・—・—・—・—・—・—・—・—・—・—・

審判事例－主文

相手方は、申立人に対し、事件本人の養育料として、金500万円を、本審判確定後即時に支払え。

（長崎家審昭和55年1月24日家月34巻2号164頁〔27770503〕）

・—・—・—・—・—・—・—・—・—・—・—・—・—・—・

特殊事情・背景

・子どもの養育費に関しては、毎月払方式だけでなく、まとめて一括払方式によって支払うことも可能である。
・離婚紛争の当事者が相手方と接触を持ちたくないなどの理由から、一括払方式を希望する場合があるとされている。しかし、一括払方式では、養育費を受領した親が早期に養育費を使い果たしてしまった場合の手当てが困難となり、事情変更による支払が認められないような事態に陥ると、子どもにしわ寄せがいってしまう危険がある。
・いずれにしても、一括払方式を採用する場合には、将来の可能性について十分に説明して理解しておくことが必要である。

基礎知識

養育費の分担については、離婚後に子どもが貧困状態に陥らないようにするために不可欠な措置であるため、できる限り、子どもにしわ寄せがいかないような支払方式を採用すべきである。一括払方式を採用した場合、合意時点で予期していなかった事情が発生した場合、事情変更による金額の変更も可能となるが、一括払方式では事後的な変更に対する心理的抵抗も生じやすい。また、一括払金を受領した親が早期にそれを費消してしまった場合、一括払した親には帰責事由がないとして、追加請求を拒絶する紛争になりやすい。

したがって、養育費の一括払方式は、一括払の方が望ましい特別の事情がある場合に採用することとして、一般的な場合には、東京及び大阪の家庭裁判所の裁判官らが作成した『養育費・婚姻費用算定表』による方が望ましいのではないかと考えられる。

サンプル条文のポイント

●サンプル１▶▶▶養育費の一括払と清算条項を定める場合●

1　ＡとＢは、本日調停離婚する。

2　ＡＢ間の長男の親権者をＢと定める。

3　Ａは、Ｂに対し、長男が成年に達するまでの養育費として1,000万円を支払う。

4　Ａは、Ｂに対し、離婚に伴う財産分与・慰謝料として3,000万円を支払う。

5　長男については、相手方において責任をもって養育する。

6　当事者双方は本調停をもって離婚に関する一切を解決したものとして、将来相互に名義のいかんを問わず何ら金銭上の請求をしない。

（東京高決平成10年４月６日家月50巻10号130頁〔28033263〕で認定された事実より再構成）

解　説

本文例は、養育費の一括払方式を定める文例である。

審判事例は、日本人母と中華民国人父との間の子の監護費用の分担について、実質的には子の扶養としての性質もあり、定期的給付を原則とするが、養育費分担義務者は、現在大学附属病院の勤務医をしているものの将来は台湾に帰国して開業する予定であり、その時期は未確定であること、また、事件本人が自己の子であることを認めながら自ら同人を引き取らない限り入籍することはできないとしてこれを拒否していることに照らし、将来にわたり養育費の定期的給付義務の履行を期待し得る蓋然性は乏しいと推認されるから、一括払を相当とする特段の事情があるとして例外的にこれを肯定するのが相当であると判断した審判例の主文である。

サンプル１は、子の監護に関する処分（養育費）の審判に対する即時抗告事件において、抗告人（原審相手方）と相手方（原審申立人）が調停離婚に当たって、子どもが成年に達するまでの養育費を一時金として一括支払う旨及び将来相互に金銭上の請求をしない旨を約し、抗告人はこの支払を了したことから、それ以上の養育費支払義務はないと争った事件のもととなった離婚調停における条項である。

この事件について、東京高等裁判所は、離婚調停における合意によれば、相手方は受領した養育費を計画的に使用して子どもを養育する義務があり、そうすれば子どもに高等教育を受けさせることは可能であったこと、子どもを私立学校と学習塾に通わせた場合には、高等教育を受ける以前に抗告人から支払われた養育費を使い尽くすことは当初から容易に予測可能であったにもかかわらず子どもを上記学校等に通わせ、そのため相手方は抗告人から支払われた金員を使い切っていることが認められると判断した。そのため、調停成立後にその内容を変更すべき事情の変更が生じたと認めることはできないとして、東京高等裁判所は、養育費の追加請求をした申立てを認容した原審判を取り消して、申立てを却下した。やはり養育費の一括払方式は、このような紛争を生じやすいといえよう。

●参考判例・審判例●

長崎家審昭和55年１月24日家月34巻２号164頁〔27770503〕

東京高決平成10年４月６日家月50巻10号130頁〔28033263〕

3　養育費の分担の信託方式の文例

1　相手方は、申立人に対し、当事者間の長男○○（平成○○年○月○日生）の平成○○年○月○日から同人が満18歳に達する月までの養育費として、金500万円を支払うこととし、この支払のために、平成○○年○月○日までに金500万円を、預託者相手方、受託者○○信託銀行○○支店、受益者申立人として預託し、次の内容の信託を設定する。

⑴　受託者をして、平成○○年○月から平成○○年○月までの間、毎月３万円を申立人に給付させる。

⑵　信託は、平成○○年○月○日に終了するものとし、残余残さんがあるときは申立人に帰属させる。

2　相手方は、申立人に対し、相手方が前項の内容の信託を、前項の期限までに設定しないときは、前項の金500万円を、平成○○年○月○日までに、相手方方に持参又は送金して支払う。

（調停協会・条項事例43頁［58］）

・—・—・—・—・—・—・—・—・—・—・—・—・—・—・

特殊事情・背景

・子どもの養育費に関しては、一括払方式によって支払うことも可能であるが、本章２で述べたように、一括払方式にはリスクも多い。

・養育費の全額を預託することによって、養育費支払義務者を委託者、監護者である親を受益者として信託を設定し（養育信託）、信託受託者である信託銀行が毎月一定の金額を受益者に給付するという信託方式を採用すれば、一括払方式のリスクを回避することが可能となる。

・ただし、信託を設定する旨の条項で合意したとしても、現実に信託が設定されなければ意味がないのであるから、上記第２項のように、信託が設定されない場合の一括支払条項も押さえとして定めておくべきであろう（調停協会・条項事例43頁）。

基礎知識

養育費の分担の一括払方式を採用した場合、一括払方式では事後的な変更に対する心理的抵抗も生じやすいし、養育費を受領した親が一括払金を早期に費消してしまった場合に、一括払した親には帰責事由がないとして追加請求を拒絶する紛争になりやすいという欠点がある。

信託とは、一定の財産を委託者が受託者に預託し、そこから生ずる利益を受益者に与える法的枠組みを設定することである。信託方式では、受託者に財産が信託的に譲渡されるにすぎないため、一括払方式のように贈与税の課税対象とならないなどのメリットもあるとされている。

サンプル条文のポイント

●サンプル１▶▶▶養育費全額を子ども名義の普通預金口座に支払って信託を設定する場合●

> Ａ（養育料の支払義務者）は、金○○○万円（養育費支払年数分の金銭）をＢ（子ども）名義の普通預金に支払い、Ｂ（子ども）が委託者兼受益者となり、Ａ（支払義務者）を契約解除同意者とした金銭信託契約を信託銀行と締結し運用するものとする。

解　説

本文例は、養育費を信託方式によって支払うことを定める文例である。

このような信託方式による養育費の支払に関する審判事例は公表されているものが見当たらないが、一括払方式のデメリットや税法上のデメリットを回避するためには、今後も有用な方式として選択肢の１つに入れておくべきであろう。

文例は、養育費支払義務のある親が委託者となり、子どもの監護者である親を受益者として信託を設定する方式である。サンプル１は、子どもの普通預金口座に養育費支払義務者である親が金員を支払って、子どもを委託者兼受益者とする信託を設定する方式である。

４　ボーナス支給時加算の文例

相手方は、申立人に対し、当事者間の長男○○（平成○○年○月○日生）の養育費として、平成○○年○月○日から、同人が成人に達する月まで、１か月金５万円並びに７月及び12月には同金額に各金５万円を加算した額を、毎月○日限り、○○○○名義の郵便局通常貯金口座（記号○○○○○、番号○○○○○○○○○）に振り込む方法により支払う。

（調停協会・条項事例42頁［56］）

判決事例－主文

⑶　被控訴人は、控訴人に対し、上記Ａ及びＢの養育費として本判決確定の日の属する月の翌月から、Ａ及びＢがそれぞれ成人に達する日の属する月まで、毎月15日限り、それぞれ15万円ずつを、３月、７月及び12月はそれぞれ10万円を加算して支払え。

（福岡高那覇支判平成15年７月31日判タ1162号245頁〔28092923〕）

特殊事情・背景

・子どもの養育費に関しては、毎月払にするとしても、ボーナス月には、支払義務者の所得が増加するのが通常であるから、７月及び12月のボーナス月には、毎月の養育費額に加算して支払うこととすることに合理性があろう。

・本文例は、一般的な７月及び12月の加算を認めたものであるが、判決事例に掲げた離婚判決の附帯処分においては、３月にも加算を認めている。なお、この離婚判決は、有責配偶者からの離婚請求を棄却した前訴判決が確定した後、再度提起された離婚請求について前訴口頭弁論終結後の事情（有責配偶者である被控訴人が新たに形成した内縁関係及びそれから生まれた子との生活関係を配慮する必要など）を斟酌して離婚を認容した後訴第一審の判断を是認した控訴審判決である。

基礎知識

ボーナスは、就業規則には通常「賞与」とされている定期又は臨時に支給される金員であって、原則として労働者の勤務成績に応じて支給され、その支給額があらかじめ確定されていないものをいう。賞与の性質は、就業規則上、どのような位置付けとされているかによって異なるが、賃金の性質を有することも多い。

そうすると、養育費の分担の毎月払方式を採用した場合、ボーナス月には加算して養育費を支払うべきとすることも合理的である。もっとも、ボーナス月にはローンの返済や様々な支払も加算することとされていることが多いため、大幅な加算を行うことには抵抗があるだろう。様々な支払の加算も考慮して、加算割合を定めることが必要であると思われる。

解　説

本文例は、毎月払の金額と同額の加算額について、ボーナス月の７月及び12月に毎月払の金額に加算して支払うこととするものである。つまり、７月及び12月には、その他の月の支払額の２倍額を支払うべきこととなる。

判決事例に掲げた離婚判決の附帯処分としての養育費支払条項は、７月及び12月に加えて３月も加算月とされている。ただし、加算額は、加算月が３回あるだけに毎月額の15万円と同額ではは く、10万円の加算とされている（その結果、ボーナス月の合計額は倍額となっている）。当該判決を読む限り、３月にもボーナスがあるのかどうかは不明であるが、当事者の主張ではボーナスがあるわけではなさそうである。有責配偶者からの離婚請求であることを斟酌した結果なのであろうか、その点も不明である。

●参考判例・審判例●

福岡高那覇支判平成15年７月31日判タ1162号245頁〔28092923〕

5　入学金等の費目を明確にする文例

相手方は、申立人に対し、前項の金員（筆者注：養育費）のほか、長女○○の小学校、中学校、高校、大学の各進学時に要する入学金、入学準備金（教科書代、制服代等）の実費全額を支払う。

（調停協会・条項事例45頁［61］③）

・―・―・―・―・―・―・―・―・―・―・―・―・―・―・

和解離婚事例－和解条項

第６項

被告と原告は、長男に要する学校等の受験、入学、進学、留学のための費用は、２分の１ずつ負担することとし、被告は、これを、原告から上記費用の負担の請求及び同費用の資料の送付を受けた日から１か月以内に第３項記載の口座に振り込む方法により支払うこととする。

（東京地判令和元年９月４日平成30年（ワ）32306号公刊物未登載〔29056927〕の前提事実より引用）

・―・―・―・―・―・―・―・―・―・―・―・―・―・―・

特殊事情・背景

・子どもの養育費に関しては、毎月払にするとしても、子どもの成長に伴って、特別に支出が必要となる費目も存する。
・学校進学については、通常想定できる範囲内であろうが、それでも毎月の支払額では十分とはいえない場合もある。また、特別な教育を受けさせるなどの事情が生じた場合には、特別な支出についても分担を定めなければならない。
・本項では、そのような場合を想定して、特別な分担費目を明確にしておく条項を取り上げることとした。

基礎知識

子どもの養育費については、子どもが成長している以上、毎月かかる固定的な費用（居住費、食費など）のほか、特別な支出を必要とする場合がある。学校進学時がその典型的なものであるが、それだけでなく、特別な医療費であったり、不慮の事故などによる費用であったりする。不慮の事故については、あらかじめ想定して準備しておくことはできないため、事情変更による養育費請求をなさざるを得ないところであるが、学校進学などのある程度想定できる範囲内の特別費用は、あらかじめ分担のためのルールをもうけておくことが有益であろう。

サンプル条文のポイント

●サンプル1▶▶▶習い事に関する月謝等を負担する場合●

原告は、被告に対し、長女の養育費等として本離婚成立月から長女が最高学歴を卒業するまで毎月11万円（生活費5万円、養育費6万円）を毎月15日までに被告指定の長女名義の口座に原告の口座から自動振込して支払う。また、長女に要した学費、入学金、習い事に対する月謝、教育費等は、被告の請求により原告が指定の長女名義の口座に振り込み支払うものとする。なお、この養育費等は、物価の上昇により増額できるものとする。

（東京地判平成26年9月2日平成25年（ワ）29848号公刊物未登載〔29042592〕に引用されている公正証書の条項）

●サンプル2▶▶▶成長による増加を考慮して養育費を加算する場合●

相手方は申立人に対し、金60,000円を直ちに、昭和46年1月1日以降同年12月末日まで1ケ月金6,000円の割合による養育費を支払え。

相手方は申立人に対し、前項金6,000円の養育費月額につき、昭和47年１月１日以降昭和54年12月末日まで毎年１月１日、それぞれ前年度の月額に各1,000円を加算した金額を当該年度の養育費月額とした金員を、昭和55年１月１日以降申立人が成人に達するまで１月金15,000円の割合による金員を、それぞれ毎月末日かぎり支払え。

（東京家審昭和45年12月24日家月23巻７号59頁〔27451694〕の審判例を修正）

解　説

本文例は、毎月払の金額とは別に、小学校・中学校・高校・大学の進学時における入学金・入学準備金の実費全額を相手方が負担するというルールを定めておくものである。和解条項として示した文例は、進学時における受験料・入学金・進学のための費用・留学のための費用などについて、双方が２分の１ずつ負担するというルールを和解離婚条項で定めておいたものである。

サンプル１は、離婚のために作成した公正証書における約定で、学費だけでなく、習い事の月謝や教育費等の負担も定めておいたものを取り上げている。もっとも、子どもが小さなうちは、どのような習い事をするかも不明確であろうから、一般的な習い事にとどまるであろう。特別な習い事が必要になった場合には、事情変更による養育費請求をなさざるを得ないのではないかと思われる。

サンプル２は、特別費用について個別に明確にするのではなく、「申立人の将来の養育費を定めるにつき、同人の成長による費用の増加が明らかであり、相手方の給与収入も物価上昇や職業的地位の向上に伴い当然毎年増加することが予測される」という趣旨から、毎年１月に前年度の月額に一定額を加算した額をその年度の月額とするものとした事例を修正して参考までに取り上げたものである。

●参考判例・審判例●

東京家審昭和45年12月24日家月23巻7号59頁〔27451694〕

東京地判平成26年9月2日平成25年（ワ）29848号公刊物未登載〔29042592〕

東京地判令和元年9月4日平成30年（ワ）32306号公刊物未登載〔29056927〕

6　過去の養育費の支払を定める文例

相手方は、申立人に対し、当事者間の長男○○の過去の養育費として金○○万円の支払義務があることを認め、これを、平成○○年○月○日限り申立人代理人弁護士○○○○（○○県○○市○○×丁目×番×号○○法律事務所）に持参又は送金して支払う。

（調停協会・条項事例45頁［61］①）

・―・―・―・―・―・―・―・―・―・―・―・―・―・―・

判決事例－理由

原告の被告に対する養育費支払請求権は、本件合意によって既に具体的請求権として発生しているのであるから、いったん支払が中断したからといって、原告の本訴請求が、支払中断後の最初の請求時点以降の養育費に限定して認められる理由はないというべきである。

（東京地判平成25年1月29日平成24年（ワ）1645号公刊物未登載〔29023717〕）

・―・―・―・―・―・―・―・―・―・―・―・―・―・―・

特殊事情・背景

・子どもの養育費に関しては、当事者間の協議で決まらない場合には、審判によって将来に向かって決定することとなる。そのため、過去の養育費を請求できるかについては、争いがあるところである。

・本文例は、過去の養育費について、当事者間の合意により、一括して支払う場合である。

・判決事例は、過去の養育費について当事者間の合意に基づいて請求したところ、相手方が請求時点からしか過去の養育費は請求し得ないと反論したことに対し、判決で既に合意によって具体的な請求権が発生しているものとして過去の養育費分を請求できるとしたものである。

基礎知識

子どもの養育費については、当事者間で合意できた後に請求できるのは当然であるが、合意が形成されていない過去の養育費を遡って請求できるかについては争いがある。

一方で、一切遡って請求できないとすると、養育費の支払義務者が義務を履行しないで放置していればいるほど有利になってしまい妥当ではない。他方で、いつまでも遡って請求できるとすると、相当の期間を経過した後まとめて多額の請求をなし得ることになってしまい酷な結果となる。

したがって、最近の審判例では、養育費の請求権利者の利益と支払義務者の負担を調整する考え方として、養育費を請求した時点あるいは請求する調停を申し立てた時点までは遡って請求できるとする考え方が多くなっている。判決事例で示した被告の反論は、そのような考え方に乗っかって主張したものであるが、そもそも当該事案では、請求以前に当事者間で具体的な養育費額の合意があったのであるから、調整の考え方は必要なかったのであって、当該事例の判決も合意時点に遡って請求し得ると判断したものである。

解　説

過去の養育費を請求する場合、審判手続で分担額を定めるのであって、判決手続で定めることはできない。離婚後、上告人との間の子を監護する被上告人が、上告人に対し、過去の養育費の求償を求めた事案の上告審で、最高裁は、次のように述べて請求を棄却した（最判昭和42年２月17日民集21巻１号133頁〔27001114〕）。

「民法878条・879条によれば、扶養義務者が複数である場合に各人の扶養義務の分担の割合は、協議が整わないかぎり、家庭裁判所が審判によつて定めるべきである。扶養義務者の一人のみが扶養権利者を扶養してきた場合に、過去の扶養料を他の扶養義務者に求償する場合においても同様であつて、各自の分担額は、協議が整わないかぎり、家庭裁判所が、各自の資力その他一切の事情を考慮して審判で決定すべきであつて、通常裁判所が判決手続で判定すべきではないと解するのが相当である。本件において通常裁判所である原審が分担の割合を判定したのは違法であつて、この点に関する論旨は理由があり、原判決の求償請求を認容した部分は破棄を免れない。そして、原審の認定したところによると、未だ分担についての審判はないというのであるから、上告人の扶養義務は具体的に確定していないものというべく、被上告人の求償請求は理由がない。」

本文例は、過去の養育費について、当事者間の合意により、一括して支払う場合の文例であるが、代理人弁護士に対して支払う条項である。代理人弁護士を支払先として指定する意味は、相手方に合意を遵守させるための手段として用いられている。なぜなら、支払がない場合、直ちに履行確保制度や強制執行制度によって履行を実現できるという含みがあるからである。

●参考判例・審判例●

最判昭和42年２月17日民集21巻１号133頁〔27001114〕

東京地判平成25年１月29日平成24年（ワ）1645号公刊物未登載〔29023717〕

7　養育費の分担の始期を定める文例

1　相手方は、申立人に対し、当事者間の長男○○の過去の養育費として金○○万円の支払義務があることを認め、令和○年○月末日限り、次項記載の銀行口座に送金する方法により支払う。

2　相手方は、申立人に対し、当事者間の長男○○（平成○○年○月○日生）の養育費として、令和○年○月から満20歳に達する月まで１か月金60,000円を、毎月○日限り、○○○○名義の普通預金口座（○○銀行○○支店、口座番号○○○○○○○）に送金する方法により支払う。

・—・—・—・—・—・—・—・—・—・—・—・—・—・—・

特殊事情・背景

・子どもの養育費の分担に関しては、当事者間の協議で決まらない場合、審判によって将来に向かって決定することとなる。そのため、養育費の分担の始期を定める方法としては、合意が成立した時点以降を始期とすることとなる。

・過去の養育費を請求できるかについては争いがあるが、合意によって請求を認める場合、その合計額を明記して支払うこととすれば足りる。過去の養育費額が多額でなければ、本文例のように一括払の条項とすれば足りるが、過去の養育費額が多額となってしまう場合には、分割払の条項や毎月払の金額に分割した金額を上乗せして一定期間内に支払う旨の条項とせざるを得ない場合もあり得る。

・本文例は、過去の養育費については、その合計額を定めて、毎月払の銀行口座に送金する方法で支払う条項とした。したがって、毎月払の養育費は、過去の養育費を含まないものとなり、将来の月を始期として支払を開始することとなる。

基礎知識

子どもの養育費については、当事者間の合意あるいは審判で形成することとなるため、合意あるいは審判の時点から将来に向かって支払義務が発生することとなる。したがって、養育費の分担の始期は、合意あるいは審判において、その時点より後の「令和○年○月から」というように記載することとなる。

過去の養育費については、最近の審判例では、養育費の請求権利者の利益と支払義務者の負担を調整する考え方として、養育費を請求した時点あるいは請求する調停を申し立てた時点までは遡って請求できるとする考え方が多くなっている。この考え方に従えば、養育費請求時点や調停申立時点までの養育費額を計算して、具体的な、金額として請求すれば足りる。これを計算しないで過去の時点から毎月○万円支払うとするのでは、過去の分の支払期限が不明確になるため適切ではない。

解　説

本文例は、過去の養育費については、具体的な金額として、一定期間内に支払うものとし、今後の養育費については、一定額を毎月払の方式で支払うものとした条項のサンプルとして筆者が作成してみたものである。なお、これに付け加えるとすれば、送金手数料をどちらが負担するかであるが、支払義務者が負担するのが通常であろう。

8　養育費の分担の終期を定める文例

相手方は、申立人に対し、当事者間の長男○○（平成○○年○月○日生）の養育費として、令和○年○月から満20歳に達する月まで１か月金60,000円を、毎月○日限り、○○○○名義の普通預金口座（○○銀行○○支店、口座番号○○○○○○○）に送金する方法により支払う。

・—・—・—・—・—・—・—・—・—・—・—・—・—・—・

審判事例－主文

申立人は、相手方に対し、未成年者らの養育費として、未成年者らがそれぞれ満20歳に達した後の最初の３月まで、毎月１日限り、１人につき月額２万6,000円を、相手方名義の普通預金口座（口座番号《略》）に振り込む方法により支払う。ただし、振込手数料は申立人の負担とする。

（千葉家佐倉支審平成31年３月26日判タ1473号66頁〔28280189〕）

・—・—・—・—・—・—・—・—・—・—・—・—・—・—・

特殊事情・背景

・子どもの養育費の分担に関しては、いつまで分担しなければならないのかも問題となる。
・一般論としては、養育費支払義務は、直系血族間の扶養義務を本質としているのであって、権利者の養育費必要性と義務者の養育費支払可能性とがともに満たされる間は負担義務があることとなる。
・したがって、いつまで養育費支払義務を負うかについては、具体的な事情によることとなるが、本文例のように、子どもが大学に進学する場合、少なくとも満20歳になるまでは、養育費支払義務を認めてもよいのではないかと思われる。
・審判事例は、さらにその後の３月を終期としている事例である。これは、同審判において、「未成年者らが高等学校を卒業して就職した場合又は大学等に進学した場合には、各学業終了日の属する月までを原則として、協議の上決するものとする。」とされている。

基礎知識

子どもの養育費については、当事者間の合意あるいは審判で形成することとなるため、養育費を支払うべき終期についても考えておく必要がある。一般的には、子どもが成人するまでは、養育費を必要としているものと考えられてきたため、「子どもが成年に達するまで」と終期が定められることも多かった。しかし、令和４年４月１日から成年年齢が18歳に引き下げられることとなったため、「子どもが成年に達するまで」という条項では、これまでは満20歳までであったところが、令和４年４月からは満18歳までと解されることとなってしまう。そのような混乱を避けるため、今後は、「成年に達するまで」とか「成人するまで」などの抽象的な表現の終期の記載は避け、「満○○歳に達する月まで」とか「満○○歳に達する日を含む月まで」などのように、確定的な終期を定めるべきである。

成年年齢の引下げは、子どもが満18歳を迎えた場合に、十分に成熟して独立できる存在であるからとして行われるわけではない。満18歳や満19歳の若者は、まだ未熟ではあるかもしれないが、これからの我が国を担っていく世代としての期待を込めて、社会参加の時期を早めようという目的のもとに引下げが行われるのであるから、養育費支払義務者が自己の負担を免れるために成年年齢の引下げを口実にすることは許されないことに注意が必要である。

確定的な終期を定める場合、例えば、「子どもが大学を卒業する月まで」などと定めてしまうと、子どもが大学を卒業しない限り終期が訪れないこととなってしまうため、そのような操作性を含む表現の終期の記載も好ましくない。一般的な大学の修了年限（大学の入学４年後の３月まで等）をもって確定的な終期の記載とすべきであろう。もしその後に事情の変更があった場合には、事情変更による終期の変更をもって解決すべきであり、当初からイレギュラーな予定までを条項に含ませておくべきではないだろうと思われる。

サンプル条文のポイント

●サンプル１▶▶▶二人の子どもについて、それぞれの事情を勘案して終期と養育費額を別々に定める場合●

一　相手方は、申立人に対し、平成26年×月から未成年者Ｃが満22歳に達する月まで、１か月７万2,000円の金員を、毎月末日限り支払え。
二　相手方は、申立人に対し、平成26年×月から未成年者Ｄが満20歳に達する月まで、１か月２万1,000円の金員を、毎月末日限り支払え。
三　手続費用は各自の負担とする。

（和歌山家審平成27年１月23日判タ1424号128頁〔28242381〕）

●サンプル２▶▶▶私立大学医学部に進学したため養育費に加えて扶養料を請求して認容された場合●

三　原審相手方は、原審申立人に対し、平成30年２月から平成32年11月まで、次のとおりの金員を支払え。
⑴　毎年２月末日限り　80万円
⑵　毎年７月末日限り　35万円
⑶　毎年11月末日限り　35万円

（大阪高決平成29年12月15日判タ1451号109頁〔28261434〕）

解　説

これまでの条項例では、終期を子どもが成年に達するまでとする例が多かったのであるが、成年年齢が18歳に引き下げられる令和４年４月１日以降は、子どもが18歳を迎えても大学生等である場合など、まだ扶養の必要性が消滅しているわけではないため、本文例のように、子どもが「満20歳に達する月まで」とするか、審判事例の主文のように、「満20歳に達した後の最初の３月まで」というように定める方が望ましいであろう。

サンプル１は、相手方である父親に対し、申立人である母親が、婚姻中に相手方との間にもうけた長女及び二女の養育費の支払を求めた事案において、養育費としてそれぞれ５万円の支払を求めたところ、審判においては当事者の求めた金額に拘束されるものではなく、学費等も加味した養育費を考えるべきであるとして、大学に通う長女と盲学校に通う二女の養育費の請求に金額と終期の区別をもうけた事例である。もとより、養育費の必要性に差異がある以上、子どもが必ず平等でなければならないものではないが、視覚障がいのある二女の養育費額と終期をそれほどまでに区別する必要があるのかについては、疑問の残る審判例である。

サンプル２は、私立大学医学部に通う原審申立人が、父である原審相手方に対し、現在の養育費では学費等に不足が生じているとして扶養料の支払を求めた事案において、原審相手方は養育費のほかに一定の扶養料を分担する義務を負うべきとしたうえで、扶養料の分担額について、分担対象、分担割合、分担額から控除すべき額等を認定し、分担すべき扶養料を算定して支払を命じた事例の主文である。

●参考判例・審判例●

和歌山家審平成27年１月23日判タ1424号128頁〔28242381〕

大阪高決平成29年12月15日判タ1451号109頁〔28261434〕

千葉家佐倉支審平成31年３月26日判タ1473号66頁〔28280189〕

9　事後の再協議を予定する文例

相手方及び申立人は、本調停成立の日から３年を経過した時期において、前項の養育費の額につき、それが関係当事者の経済状態、物価の変動、その他一切の事情の変更に即応したものであるかどうか、その額の増減等に関し、改めて協議することを相互に確認する。

（調停協会・条項事例45頁［61］②）

・―・―・―・―・―・―・―・―・―・―・―・―・―・―・

特殊事情・背景

・子どもの養育費を算定するに当たっては、養育費支払の分担権利者と分担義務者の収入によって「簡易算定表」で判断するのが一般的になりつつある。

・そうすると、養育費に関する協議を行う時点では、分担権利者と分担義務者である父母が離婚するときであって、どちら一方あるいは双方の収入状況がその後に変動する可能性があることも多い。

・また、離婚後に、どちらか一方又は双方が再婚して再婚相手との間に子どもが生まれたり、再婚相手の実子と養子縁組をしたり、物価が著しく変動したり、子どもの需要に大きな変動があったりした場合には、事情変更に基づいて、いったん決めた養育費に関する合意や審判も変更することが可能となる。

・事情変更に基づいて、合意や審判を変更しようとすれば、新たに調停を申し立てて、合意や審判を変更しなければならないかということから、検討しなおさなければならないこととなる。

・そうすると、離婚後に何らかの事情が変動することが予想されて、養育費に関する分担の条件も変わる可能性がある場合、再協議することを予定しておいた方が困難は少なくなる。そのために、本文例のような予定条項をもうけておくことに意味がある。

基礎知識

養育費に関する分担義務を協議によって決定する場合、そのような話合いをする時点は、離婚をする時期に該当しているのであるから、養育費支払に関する分担権利者も分担義務者もそれまでの婚姻生活から離れて新たな生活を迎えることになるのであって、養育費分担の基礎条件が変動している時期に該当する。

そうすると、せっかく養育費に関する定めを明確にしたとしても、そのための基礎条件が変動してしまうと、収入が減少して定めを実行していくのが困難になってしまうこともあり得るし、逆に、基礎条件の変動によって、収入が増加してもっと多くの養育費を支払えるようになることもあり得る。

いずれにしても、協議によって養育費分担の定めをもうける時点で、その後の状況変化が予想されているのであれば、状況変化があった後に改めて協議を申し入れても、相手方としては、協議に応じたくないというのが正直なところであろう。そうだとすれば、状況変化があることを見越して、数年後に再協議することを決めておけば、再協議に応じるか応じないかということから問題にしなくて済むことになる。

解　説

本文例は、養育費に関する調停が成立した日から３年後に再協議することを予定し、それを相互に確認しておく条項の文例である。再協議するための基礎事情には、①関係当事者の経済状態、②物価の変動、③その他一切の事情というように分類されているが、③には様々な事情を含んでいることになる。

文例では、３年後と定めているが、もっと早期に事情が変動することが予想されているのであれば、１年後でも２年後でも再協議することを予定しておくべきである。いったん決めたのだから、あまり早期に再協議するのは好ましくないとの判断も理由がないわけではないが、養育費は子どものためのものであって、親権者である養育費分担権利者は子どもに対する責任を尽くすために早期の再協議をためらう必要はないと思われる。

10　養育費の遅延損害金を定める文例

1　相手方は、申立人に対し、当事者間の長男○○（平成○○年○月○日生）の養育費として、令和○年○月から満20歳に達する月まで１か月金60,000円を、毎月○日限り、○○○○名義の普通預金口座（○○銀行○○支店、口座番号○○○○○○○）に送金する方法により支払う。

2　相手方が前項記載の支払を怠った場合には、相手方は年10％の割合による遅延損害金を前項記載の金員に付して支払う。

・―・―・―・―・―・―・―・―・―・―・―・―・―・―・

特殊事情・背景

・子どもの養育費の支払を怠った場合、遅延損害金を付して支払うよう定めることは可能である。

・何らかの遅延損害金規定をもうけておかなくても、民事法定利率による遅延損害金を請求することも可能である。債権法改正前の民事法定利率は、年５％であったが、債権法改正によって民事法定利率は、原則として３％となった（民法404条２項）。

・遅延損害金の割合は、利息制限法の利率を超えてはならないが、その範囲内であれば自由に設定できる。

・文例では、遅延損害金の割合を年10％としてみた。

基礎知識

養育費に関する分担義務の遅滞に対して、遅延損害金を請求できるかについては、基本的に私的自治の範囲内であると考えられる。したがって、当事者の合意に基づき、利息制限法の制限の範囲内で自由に設定できると解される。

利息制限法の制限利率は、利息制限法１条によって、次のように定められている。

一　元本の額が10万円未満の場合　年２割
二　元本の額が10万円以上100万円未満の場合　年１割８分
三　元本の額が100万円以上の場合　年１割５分

解　説

養育費を毎月払方式とする場合、１回でも支払を怠ったら期限の利益を喪失して残額を一括して直ちに支払わなければならないとする、いわゆる懈怠約款を定められるかどうかについては議論がある。

養育費支払請求権は、毎月ごとに具体的に発生し、合意した時点で具体的に発生しているものではないのであるから、懈怠約款で前倒しにして一括請求できる性質のものではないだろう。したがって、期限の利益喪失約款には適していないと解される。

もっともそのように解したとしても、養育費支払請求権に関しては、履行勧告や期限到来前の予備差押制度、間接強制制度が整えられているのであるから、実際上の不都合はほとんど生じないものと思われる。

11　履行確保制度を前提とする文例

　相手方は、申立人に対し、当事者間の長男○○（平成○○年○月○日生）及び長女（平成○○年○月○日生）の養育費として、平成○○年○月から同人らがそれぞれ成人に達する月まで１人につき１か月金37,000円ずつを、毎月○日限り、「○○○○」名義の郵便局通常貯金口座（記号○○○○○、番号○○○○○○○○○）に振り込む方法により支払う。

（調停協会・条項事例41頁［55］）

特殊事情・背景

・履行確保制度を利用して履行を確実にするには、通常の金銭債務として具体的な金額の支払条項があれば足り、特別な規定を定めておく必要はない。したがって、文例も通常の毎月払方式の養育費支払の調停条項を示しておく。

・履行確保制度とは、家庭裁判所で決めた調停や審判を履行しない義務者に対して、それを履行させるための制度である。養育費分担義務者が取決めを守らないで養育費を支払わないときには、家庭裁判所に対して履行勧告の申出をすると、家庭裁判所は、履行状況を調査し、相手方に取決めを守るように説得したり、勧告したり、履行を命令したりすることとなる（家事事件手続法289条、290条。人事訴訟法38条、39条）。

・履行確保制度を利用してもなお履行がなされないときは、強制執行によって履行を強制することなる。履行強制手段としては、直接強制として養育費分担義務者の財産を差し押さえることなる。また、間接強制によって履行されるまで間接強制金を支払わせることも可能となっている（民事執行法151条の２第１項、167条の15）。

基礎知識

養育費に関する分担義務を調停や審判によって決定したにもかかわらず、その履行がなされない場合、履行確保制度を利用して履行を催告したり、命令したりすることができる。履行確保制度は、正式な強制執行を行う前に、任意の履行を促すものであるが、養育費分担義務者が社会的に名誉を失いたくないような場合には、強制執行に至る前に履行確保制度で履行を確保できることも多い。

履行確保制度では、家庭裁判所からの履行勧告書が送達されることになるが、履行勧告書には、「調停又は審判で決まったことは確定判決と同じ効力があり、履行しない場合は、強制執行（給与、財産等の差押え）又は過料処分を受けることがあります。よって、○○月○○日までに履行されるよう勧告いたします。」などという文書が記載されている。

解　説

本文例は、家庭裁判所における調停条項として養育費の毎月払方式による支払が定められたものである。調停による養育費分担義務であるから、履行がなされなければ、履行確保制度による履行勧告などが申立てによってなされることとなる。

履行勧告や履行命令などが功を奏しない場合には、強制執行を申し立てて履行を強制しなければならないが、強制執行の方法には、２つある。１つは、直接強制であって、養育費分担義務者に支払われる給与やその名義の銀行預金の払戻請求権などの債権を差し押さえる方法である。直接強制を行うためには、養育費分担義務者の財産情報を取得しなければなし得ないが、債務者以外の第三者からの情報取得手続が新設され（民事執行法205条ないし207条）、財産開示手続も見直されて、その申立権者の範囲が拡大されている（同法197条）。

もう１つが、間接強制である。間接強制とは、債務を履行しない養育費分担義務者に対し、一定の期間内に履行しなければその債務とは別に間接強制金を課すことを警告した決定をすることで養育費分担義務者に心理的圧迫を加え、自発的な支払を促すものである。養育費分担義務については、間接強制をなし得ることとされている（同法167条の15）。ただし、義務者に支払能力がないために養育費等を支払うことができないときなどには、間接強制をすることはできないものとされている。

養育費について間接強制を肯定した裁判例としては、1日につき金1,000円の間接強制金の支払を命じたもの（大阪家決平成19年3月15日家月60巻4号87頁〔28140727〕、広島家決平成19年11月22日家月60巻4号92頁〔28140729〕）、1日につき5,000円の間接強制金の支払を命じたもの（横浜家決平成19年9月3日家月60巻4号90頁〔28140728〕）がある。また、債務者に資力がないことを理由として間接強制を否定した裁判例としては、大阪家決平成17年10月17日家月58巻2号175頁〔28110885〕がある。

●参考判例・審判例●

大阪家決平成17年10月17日家月58巻2号175頁〔28110885〕
大阪家決平成19年3月15日家月60巻4号87頁〔28140727〕
横浜家決平成19年9月3日家月60巻4号90頁〔28140728〕
広島家決平成19年11月22日家月60巻4号92頁〔28140729〕

12　強制執行を前提とする文例

第２条（養育費）

Ａは、Ｂに対し、長男Ｃ及び長女Ｄの養育費として、令和○年○月からＣ及びＤがそれぞれ満20歳に達する日の属する月まで、各人について１か月金６万円ずつの支払義務があることを認め、これを、毎月末日限り、Ｂの指定する金融機関の預金口座（○○銀行○○支店、普通預金、Ｂ名義、口座番号○○○○○○○）に振り込んで支払う。振込手数料はＡの負担とする。

第８条（強制執行認諾）

Ａは、第２条の債務の履行を遅滞したときは、直ちに強制執行に服する旨陳述した。

判決事例－理由

ア　原告ａは、被告ｂに対し、子両名の養育費として、平成23年11月から平成37年３月までの間、毎月25日限り各50万円（子１人当たり25万円）の支払義務があることを認める。

イ　原告ａは、上記債務の履行をしなかったときは、直ちに強制執行を受けることを認諾する。

（東京地判平成26年８月６日平成24年（ワ）22479号等公刊物未登載〔29042436〕の前提事実より引用）

特殊事情・背景

・金銭等の支払に関して作成される公正証書に、「強制執行認諾文言」を入れると、裁判を提起して判決を得なくても、公正証書をもって直ちに強制執行ができる（民事執行法22条５号）。その「強制執行認諾文言」とは、具体的には、本文例や判決事例のように、「債務者が債務を履行しないときは、直ちに強制執行に服する旨を陳述した」という趣旨の文言である。

基礎知識

養育費に関する分担義務を協議によって決定する場合、公正証書によって決定事項を文書化しておき、さらに強制執行認諾文言を入れておくと、強制執行を行うのが容易になる。強制執行認諾文言で直ちに強制執行が可能となるのは、金銭等の支払を目的とする場合に限られているため、子どもの引渡しや面会交流に関しては含まれない。

子どもの養育費については、子どもの生活に直接的に影響するのであるから、相手方である養育費分担義務者の支払がスムーズになされないおそれがあり、その銀行口座などの差押えを比較的容易になし得る財産を把握できるときは、公正証書による強制執行によって早期に養育費を確保できるようにしておくことが必要であろう。

解　説

本文例及び判決事例は、いずれも養育費に関する協議を行って公正証書で強制執行認諾文言を付しているものである。

養育費に関する強制執行は、近年法改正が続けて行われている。

まず、執行債権の行使は、原則として確定期限の到来後でないと執行を開始することはできないのであるが（民事執行法30条1項）、養育費分担義務に係る定期金債権であって、その履行期の定めが確定期限によるものを執行債権とする場合には、履行期到来に先立つ予備差押えをなし得るものとされた（同法151条の2第1項3号）。これは、養育費の権利者にとっては、生計の維持に養育費が不可欠であるにもかかわらず、養育費の月額が比較的少額であるため、各月の期限が到来するたびに強制執行を申し立てなければならないとすると、養育費の権利者の負担が大きくなりすぎるからである。

また、養育費の支払を確保するためには、最終的には、養育費分担義務者に支払われる給与やその名義の銀行預金の払戻請求権などの債権を差し押さえることになる。したがって、養育費分担義務者の勤務先情報や資産情報がないと、養育費請求権の実効性がなくなってしまう。そこで、債務者以外の第三者からの情報取得手続が新設され（同法205条ないし207条）、財産開示手続も見直されて、その申立権者の範囲が拡大された（同法197条）。この拡大措置によって、強制執行認諾文言付の公正証書に基づく養育費の債権者も財産開示請求の申立権者に含まれることとされた。

参考となる裁判例としては、養育費等について強制執行認諾文言付公正証書を作成したことが錯誤によって無効（現在は、債権法改正によって取消事由となっている）あるいは信義則違反であるなどと主張した事件において、養育費分担義務者の反論をいずれも否定した判決（東京地判平成29年４月17日平成28年（ワ）3052号公刊物未登載〔29047084〕、東京地判平成31年２月27日平成29年（ワ）9160号等公刊物未登載〔29053870〕）がある。

●参考判例・審判例●

東京地判平成26年８月６日平成24年（ワ）22479号等公刊物未登載〔29042436〕

東京地判平成29年４月17日平成28年（ワ）3052号公刊物未登載〔29047084〕

東京地判平成31年２月27日平成29年（ワ）9160号等公刊物未登載〔29053870〕

Column 3　養育費と面会交流

面会交流の紛争では、「養育費を払わないなら面会させない」「もっと養育費を多く払うなら面会の回数を増やしてもよい」などというやり取りがなされることも多いと思います。確かに、子どもに会いたいのであれば、子どもに対する養育費支払という責任を果たしてほしいというのは理解できる内容ではあります。

しかし、養育費の支払義務と面会交流の権利とは、全く別次元の問題です。子どもに会えようが会えまいが自分がもうけた子どもに対する養育費支払義務は厳然としてありますし、子どもに会えるか会えないかで養育義支払義務の程度が決まるものではありません。また逆に、収入がなくなって養育費を支払えなくなったら、もう二度と子どもに会えないなどと考えるべきものでもないでしょう。

普段子どもと一緒に生活していない親が、自発的に子どもの養育費を支払おうとするのは、どうしてなのでしょうか。それは、子どもの成長を確かめられているからなのではないかと思います。それなのに、養育費の支払と面会交流を交換条件にしてしまうと、逆効果になってしまうと思います。なぜなら、養育費を条件として子どもに会わせないとすると、子どもの成長を確かめられなくなって、かえって養育費を支払う意思がなくなってしまうからです。

養育費が自発的に支払われないのならば、強制執行すればいい、強制執行の制度が整ってきたのだから、と考えてもいいでしょうか。確かに、強制執行の制度は整えられてきていますが、強制執行の制度にも限界がありますし、強制執行を免れようと画策することも不可能ではありません。また、強制執行には時間と労力がかかります。そうだとすれば、養育費は自発的に支払ってもらうのが子どものために最も有効だということができます。

したがって、いたずらに養育費と面会交流を交換条件にするのではなく、面会交流を行って子どもの成長を確かめてもらい、子どもの養育費を自発的に支払ってもらうような関係性をつくっていく方が賢い考え方であると思います。

Column 4　成年年齢と養育費

成年年齢は、民法４条で20歳と定められていますが、その条文が改正され、令和４年４月１日から18歳に引き下げられます。これまでの離婚協議では、子どもの養育費をいつまで支払わなければならないかについて、子どもが成年年齢に達するまでというように定めていました。したがって、養育費をいつまで支払わなければならないかについて今までどおりに定めてしまうと、20歳までであったものが令和４年４月１日からは自動的に18歳までになってしまいます。

今までの養育費に関する定めを成年年齢までとしていたのは、子どもの大学進学率が向上し、子どもが20歳になるまでは少なくとも養育費を支払うべきだと思われてきたからでしょう。民法の成年年齢が引き下げられるのは、子どもの社会的自立と成長に期待するからであって、子どもが経済的に自立できると考えているわけではありません。そうだとすれば、民法の成年年齢が引き下げられたからといって、養育費をいつまで支払わなければならないかについても引き下げられなければならないわけではありません。

そもそも親が子どもに養育費を支払うべきだとされているのは、子どもには養育費を支払ってもらう必要性があるのに対し、親には養育費を支払うことができる可能性があるからにほかなりません。養育費の支払は、直系血族間での扶養義務に基づいているので、具体的な扶養義務の発生要件である、扶養権利者である子どもの扶養必要性と扶養義務者である親の扶養可能性を備えていることに基づいています。

そうすると、子どもに障がいがあったり難病に罹患していたりして、継続的に養育費を支払ってもらう必要性があるときには、その子どもが成年年齢を超えたとしても、親が養育費を支払える限り、子どもは養育費を請求することができることになります。したがって、令和４年４月１日に成年年齢が引き下げられたとしても、直ちに養育費をいつまで支払わなければならないかについても自動的に引き下げられるわけではなく、今後は、離婚協議の際に、子どもが20歳になるまでは養育費を支払うなどと定めることになります。

第3章

慰謝料

1　原因を特定しない慰謝料請求の文例

1　相手方は、申立人に対し、本件離婚に伴う慰謝料として金100万円を支払う。

2　相手方は、申立人に対し、前項記載の金100万円につき、令和○年○月○日限り、普通預金口座（○○銀行○○支店、口座番号○○○○○○○）に送金する方法により支払う。

特殊事情・背景

・離婚に伴う慰謝料については、離婚原因を明確に特定して支払義務を記載する方法と特定しないで支払義務を記載する方法があり得る。

・離婚当事者の一方が他方に対して慰謝料支払義務を負う原因を特定していなくても法的には問題がないのであるが、特定している場合には、特定された当該原因に基づく慰謝料請求であって、その他の原因に基づく慰謝料請求を別途なし得る可能性も残る。

・そのため、一般的には、協議で慰謝料を定めるときには、慰謝料支払義務を負う原因を特定しないで記載することが多いと思われる。

基礎知識

離婚原因には、①不貞行為（民法770条１項１号）、②悪意の遺棄（同項２号）、③３年以上の生死不明（同項３号）、④回復の見込みがない強度の精神病（同項４号）という個別の離婚原因とともに、包括的な⑤その他婚姻を継続し難い重大な事由（同項５号）とが定められ、一般的破綻主義を宣言したものとされている。①、②は、有責主義的離婚原因であり、③、④は破綻主義的離婚原因である。なお、①～④の場合には、最終的に離婚を認めるかどうかが裁判官の裁量に委ねられている（裁量棄却事由。同条２項）。

離婚に伴う慰謝料支払義務を定める場合、これらの離婚原因のうち、①、②は相手方配偶者に対して慰謝料支払義務を負うこととなるものであり、⑤のうち帰責事由が認められる場合には、やはり相手方配偶者に対して慰謝料支払義務を負うこととなる。

解　説

1　不貞行為

不貞行為とは、夫婦としての貞操維持義務に違反する行為である。つまり、一方配偶者が自由な意思で他方以外の異性との性的交渉を行った裏切り行為を指すものである。不貞行為は配偶者の有責性を問題とするものであって、その相手方の有責性を問題とするものではないから、配偶者が一方的に行った強姦も不貞行為に該当する（最判昭和48年11月15日民集27巻10号1323頁〔27000467〕）。しかし、配偶者が強姦された場合には、配偶者には何らの有責性もないのであるから、不貞行為には当たらない。

夫が生活費を渡さないために、妻が子どもを養育するためにやむを得ず売春した場合、最高裁は、夫に相当の責任があるとしつつも、不貞行為に該当するとした（最判昭和38年６月４日裁判集民66号361頁〔27450958〕）。しかしこの事案では、有責性を有しているのはむしろ夫の方であり、夫からの不貞行為に基づく離婚請求を認めるのは極めて不当である。したがって、仮に不貞行為に該当するとしても、民法770条２項によって離婚請求は棄却されるべきであろう。

なお、原告と同性の事実婚の関係にあった被告Ａ及び後に被告Ａと婚姻した被告Ｂに対し、被告らが不貞行為を行った結果、原告と被告Ａの同性の事実婚関係が破綻したと主張して、共同不法行為に基づき、損害賠償を求めた事案において、同性のカップルであっても、その実態をみて内縁関係と同視できる生活関係にあると認められるものについては、それぞれに内縁関係に準じた法的保護に値する利益が認められ、不法行為法上の保護を受け得ると解するのが相当であるとして、原告の請求を一部認容した判決例がある（宇都宮地真岡支判令和元年９月18日平成30年（ワ）30号公刊物未登載〔28273850〕。なお、同判決は、東京高判令和２年３月４日令和元年（ネ）4433号等公刊物未登載〔28281925〕によって被告らの控訴が棄却された）。

2　悪意の遺棄

悪意の遺棄とは、正当な理由なくして、同居・協力・扶助義務（民法752条）を履行しないことである。例えば、相手を見捨てて家出する、暴力を用いて相手を追い出す、相手が出ていくようにし向けて同居を拒むなどの行為も悪意の遺棄に該当することとなる。婚姻費用を捻出するために出稼ぎに出る、相手の意に反するが生活の必要のために単身赴任するなどの場合は、正当な理由があることとなり、悪意の遺棄には該当しないと解される。

3　３年以上の生死不明

配偶者の生死が３年以上不明であれば、それだけで離婚原因に該当する。生死不明の原因や責任は問われていない。配偶者が７年間生死不明の場合には、失踪宣告の制度（民法30条１項、31条）が適用されるが、そこまで待たなくても離婚はできるということである。

4　回復の見込みがない強度の精神病

配偶者が回復の見込みがない強度の精神病に罹患した場合には、それだけで離婚原因に該当するとされている。これも精神病に罹患した当事者には何の有責性もない破綻原因である。強度の精神病では精神的交流ができないのに婚姻生活を強制するのは配偶者に酷であると説かれることがあるが、強度の精神病といっても様々な症状があり、常に著しい陰性症状を示すわけではなく、精神的交流が可能な場合もあるので、非常に誤解を招く表現である。ただし、婚姻生活を送り続けるのは大変な面もあることは否定し得ないため、やむを得ない離婚原因であると解すべきである。

当初、判例は、強度の精神病であるというだけでは離婚を認めず、今後の療養・生活等にできる限りの具体的方途を講じ、前途に見込みのついたうえでなければ、民法700条２項によって離婚は認められないものとしていた（最判昭和33年７月25日民集12巻12号1823頁〔27002640〕）。そのうえで、相手方の異常な状況を前提に、過去の療養費・入院費・治療費・雑費等を全額支払い、将来の療養費も自己の資力で可能な範囲の支払をなす意思のあることを表明しているという事案において、離婚を認めたものがある（最判昭和45年11月24日民集24巻12号1943頁〔27000671〕）。

5　その他婚姻を継続し難い重大な事由

これは、包括的な一般的破綻主義を宣言したものである。民法770条１項５号には同条２項の裁量棄却の規定が適用されないが、５号に該当する場合にはそもそも裁判官が「婚姻を継続し難い」と認定しているのであるから、他の離婚原因に比して容易に離婚が認められるというわけではない。

離婚請求において最も問題となるのは、有責配偶者からの離婚請求の可否である。判例は、いわゆる「踏んだり蹴ったり判決」（最判昭和27年２月19日民集６巻２号110頁〔27003429〕）によって、有責配偶者である夫からの離婚請求を認めなかったが、その後に破綻主義的傾向を強め、昭和62年の大法廷判決（最大判昭和62年９月２日民集41巻６号1423頁〔27800202〕）によって、有責配偶者からの離婚請求も条件付で認められることとなった。

最高裁は、「夫婦の別居が両当事者の年齢及び同居期間との対比において相当の長期間に及び、その間に未成熟の子が存在しない場合には、相手方配偶者が離婚により精神的・社会的・経済的に極めて苛酷な状態におかれる等離婚請求を認容することが著しく社会正義に反するといえるような特段の事情の認められない限り、当該請求は、有責配偶者からの請求であるとの一事をもつて許されないとすることはできない」との判断を示している。

その後の裁判例では、単に夫婦の別居が相当の長期間に及ぶかどうかだけではなく、他の条件との相関関係で離婚の可否が判断されているようである。ただし、夫婦の別居期間が８年以上である場合には、他の要素と対比するまでもなく、離婚請求を棄却しているものが多い。もっとも、平成14年の民法改正要綱では、「夫婦が５年以上継続して婚姻の本旨に反する別居をしているとき」を離婚原因として掲げているため、夫婦の別居期間については、５年程度をもって破綻と考えていいのではないかという傾向がみられるようになってきている。

●参考判例・審判例●

最判昭和27年２月19日民集６巻２号110頁〔27003429〕
最判昭和33年７月25日民集12巻12号1823頁〔27002640〕
最判昭和38年６月４日裁判集民66号361頁〔27450958〕
最判昭和45年11月24日民集24巻12号1943頁〔27000671〕
最判昭和48年11月15日民集27巻10号1323頁〔27000467〕
最大判昭和62年９月２日民集41巻６号1423頁〔27800202〕
宇都宮地真岡支判令和元年９月18日平成30年（ワ）30号公刊物未登載〔28273850〕
東京高判令和２年３月４日令和元年(ネ)4433号等公刊物未登載〔28281925〕

2　原因（不貞行為）を特定した慰謝料請求の文例

被告は、原告に対し、被告が原告の妻と不貞行為に及んだ不法行為による損害賠償請求権に基づき、慰謝料300万円及びこれに対する不法行為日である平成31年４月24日から支払済みまで民法所定の年３分の割合による遅延損害金を支払うものとする。
（東京地判令和元年11月６日令和元年（ワ）21105号公刊物未登載〔29057716〕の判決主文を修正）

・―・―・―・―・―・―・―・―・―・―・―・―・―・―・

判決事例－理由

被告がＣとの間で５年以上にわたって不貞行為を継続しており、その期間は原告の婚姻期間のほぼ全般にわたっていること、しかも被告がＣに妊娠させて子の出産に至ったことからすると、被告の不貞行為により原告とＣの婚姻関係は実質的に破綻に至っているものと認められる。原告には４歳の長女がいること、その他本件に現れた一切の事情も併せて総合考慮すると、原告の精神的苦痛を慰謝するには、300万円が相当である。
（前掲令和元年東京地判）

・―・―・―・―・―・―・―・―・―・―・―・―・―・―・

特殊事情・背景

・離婚に伴う慰謝料については、離婚原因を明確に特定して支払義務を記載する方法と特定しないで支払義務を記載する方法があり得る。
・離婚当事者の一方が他方に対して慰謝料支払義務を負う原因を特定していなくても法的には問題がないのであるが、本文例の事案のように、被告である有責配偶者の責任が重く、慰謝料額も多額になるような場合には、離婚原因を特定してその根拠を示すことがある。

基礎知識

有責主義的離婚原因には、①不貞行為（民法770条1項1号）、②悪意の遺棄（同項2号）がある。その中でも、不貞行為に基づく慰謝料請求は、比較的頻繁に行われている。本文例の事案にように、婚姻当初から不貞行為を継続していながら、長女をもうけたにもかかわらず不貞行為を断念することもなく、さらに不貞行為の相手方との間に子どもをもうけるなど、被告の態度は、極めて悪質かつ無責任であるといえよう。

そうだとすれば、原告の慰謝料請求権も高額になると解すべきであるが、現在の家庭裁判所における慰謝料請求権の金額は、このような場合であっても、一般的には300万円ないし500万円というところであろうか。被告の支払能力や不貞行為の相手方に出産させてしまった子どもの養育費のことを考慮すれば、このような金額にとどまらざるを得ないのが現状である。

解　説

本文例は、不貞行為を継続して婚姻共同生活を破綻させた配偶者に対する慰謝料請求の事案である。

不貞行為を原因とする損害賠償請求は、不法行為に基づく損害賠償請求であり、不法行為時から直ちに弁済期が到来することとなるため（債務不履行であれば、初日不算入の原則（民法140条）によって、翌日から請求できることとなる）、不法行為日からの遅延損害金を請求する条項となっている。

●参考判例・審判例●

東京地判令和元年11月6日令和元年（ワ）21105号公刊物未登載〔29057716〕

3　原因（悪意の遺棄）を特定した慰謝料請求の文例

被告は、原告に対し、悪意の遺棄に基づき、金27万6,200円及びこれに対する平成28年４月17日から支払済みまで年３分の割合による金員を支払うものとする。

（東京地判平成29年９月29日平成28年（ワ）10658号等公刊物未登載〔29031702〕の判決理由を修正）

・―・―・―・―・―・―・―・―・―・―・―・―・―・―・

判決事例－理由

被告が原告と別居する際の態様及び被告の別居後における言動に照らしてみると、被告は、原告に対し、事前の説明をすることもなく、一方的に別居を開始し、関係の修復を求められても、具体的な同居に向けた協議・提案等を行うことなく、これを拒絶して別居を継続していたものということができるのであり、被告による当該別居について正当な理由があるものとはいい難く、同居義務（民法752条）に反し、原告に対する悪意の遺棄に当たるというのが相当である（中略）。

（前掲平成29年東京地判）

・―・―・―・―・―・―・―・―・―・―・―・―・―・―・

特殊事情・背景

・離婚に伴う慰謝料については、離婚原因を明確に特定して支払義務を記載する方法と特定しないで支払義務を記載する方法がある。
・離婚当事者の一方が他方に対して慰謝料支払義務を負う原因を特定していなくても法的には問題がない。
・本文例の事案のように、被告である有責配偶者が一方的に別居して、何ら解決に向けた協議や提案をすることもなく、同居を拒否し続けている場合、それが同居・協力義務違反として、悪意の遺棄に該当するのは間違いない。

基礎知識

有責主義的離婚原因には、①不貞行為（民法770条１項１号）、②悪意の遺棄（同項２号）がある。不貞行為に基づく慰謝料請求は、比較的頻繁に行われているが、悪意の遺棄だけを理由とする離婚訴訟は非常に少ない。

本文例の事案にように、被告は、一方的に別居を実行し、その後も別居を解消するための協議や提案をしていない。そうした事情の背景には、第三者との不貞行為が介在しているのかもしれないが、本件訴訟では、被告は、原告の暴力や罵倒が原因であると主張している。

そうだとすれば、原告の慰謝料請求権もそれほど高額にはならないというべきであるが、本件の損害賠償額は、金27万円余とされている。

解　説

本文例は、同居を拒否し、別居を継続して婚姻共同生活を破綻させたとして、悪意の遺棄を原因とする配偶者に対する慰謝料請求の事案である。

悪意の遺棄を原因とする損害賠償請求は、不法行為に基づく損害賠償請求であるため、不法行為時から直ちに弁済期が到来することとなるため、不法行為日からの遅延損害金を請求できるのであるが、本件事例の平成28年４月17日とは、本件訴状が送達された翌日である。

●参考判例・審判例●

東京地判平成29年９月29日平成28年（ワ）10658号等公刊物未登載〔29031702〕

4　慰謝料の一括払を定める文例

相手方は、申立人に対し、本件離婚に伴う慰謝料として金100万円の支払義務があることを認め、これを、令和○年○月○日限り、普通預金口座（○○銀行○○支店、口座番号○○○○○○○）に送金する方法により支払う。

特殊事情・背景

・離婚に伴う慰謝料については、「離婚自体による慰謝料」と「離婚原因による慰謝料」というとらえ方がある。

・「離婚自体による慰謝料」という考え方は、離婚自体が違法でない以上、安易に認めるべきでない。確かに、離婚することは違法でも何でもないのであるから、離婚しただけで不法行為の成立要件が満たされるはずはない。したがって、離婚に伴って、離婚当事者の一方が他方当事者に対して「離婚自体による慰謝料」を負担するという考え方は理論的に説明がつかないだろうと思われる。

・ただし、それは離婚当事者間のことであって、例えば、不貞行為などによって第三者が離婚当事者に介入し、当事者に離婚させることを意図して不当な干渉をするなどし、離婚のやむなきに至らしめたというような特別な事情がある場合には、そのような行為が第三者による不法行為に該当する可能性は認められている（最判平成31年2月19日民集73巻2号187頁〔28270649〕）。

基礎知識

離婚の当事者間では、「離婚原因による慰謝料」については、離婚原因によっては認められるものとなる。例えば、婚姻中に著しいドメスティック・バイオレンスがあった、不貞行為によって精神的損害を被ったなど、離婚原因が不法行為の要件を満たしている限り、夫婦間であっても不法行為は成立するのは当然である。

離婚原因には、不貞行為（民法770条１項１号）や悪意の遺棄（同項２号）のような、有責主義的離婚原因（夫婦の一方に帰責事由が認められる離婚原因）と、３年以上の生死不明（同項３号）や回復の見込みがない強度の精神病（同項４号）のような、破綻主義的離婚原因（夫婦の双方に帰責事由が認められない離婚原因）があり、破綻主義的離婚原因の場合には、不法行為の成立要件を満たさないのであって、離婚原因による慰謝料は発生しない。

サンプル条文のポイント

●サンプル１ ▶▶▶調停の場での即日払を定める場合●

申立人は、相手方に対し、本件離婚に伴う慰謝料として、金100万円の支払義務があることを認め、本調停の席上で支払い、相手方はこれを受領した。

（調停協会・条項事例29頁［32］）

解　説

離婚に伴う慰謝料請求は、不法行為に基づく損害賠償請求なのであって、不法行為に基づく損害賠償請求権として条項を定めておく必要がある。そういう意味で、慰謝料請求の文例は、金銭賠償請求として、交通事故に基づく損害賠償請求の場合と異ならない。

しかしそうすると、具体的な離婚原因である違法行為があった時から既に消滅時効期間３年を経過している場合もあるのではないかという問題が生ずる。例えば、ドメスティック・バイオレンスによって右腕を骨折したが、離婚時点は、当該骨折時から既に３年という消滅時効期間を経過しているという場合である。

この点について最高裁判例は、相手方の有責行為により離婚をやむなくされ精神的苦痛を被ったことを理由として慰謝料を請求する場合、「このような損害は、離婚が成立してはじめて評価されるものであるから、個別の違法行為がありまたは婚姻関係が客観的に破綻したとしても、離婚の成否がいまだ確定しない間であるのに右の損害を知りえたものとすることは相当でなく、相手方が有責と判断されて離婚を命ずる判決が確定するなど、離婚が成立したときにはじめて、離婚に至らしめた相手方の行為が不法行為であることを知り、かつ、損害の発生を確実に知つたこととなるものと解するのが相当である。」と判示して、離婚成立時から消滅時効が進行するとしている（最判昭和46年７月23日民集25巻５号805頁〔27000620〕）。

本文例は、一般的な損害賠償請求の文例として掲げるものである。また、サンプル１は、離婚調停が成立した場合、離婚調停の席上で慰謝料に対する弁済がなされ、それを調停条項として定める場合の文例である。

●参考判例・審判例●

最判昭和46年７月23日民集25巻５号805頁〔27000620〕
最判平成31年２月19日民集73巻２号187頁〔28270649〕

5　慰謝料の分割払を定める文例

1　申立人と相手方は、本日調停離婚する。

2　相手方は、申立人に対し、本件離婚に伴う慰謝料として、金300万円の支払義務があることを認め、これを、令和○年○月から令和○年○月まで、毎月末日限り、金10万円あて分割して、申立人名義の銀行口座（○○銀行○○支店の普通預金口座、口座番号○○○○○○○）に振り込む方法により支払う。

3　相手方が前項の分割金の支払を2回以上怠り、かつ、その額が金20万円に達したときは、当然に期限の利益を喪失し、相手方は、申立人に対し、前項の金員から既払分を除いた残金及びこれに対する期限の利益喪失の日の翌日から支払済まで年3％の割合による遅延損害金を付加して即時に支払う。

（調停協会・条項事例23頁［24］を修正）

特殊事情・背景

・離婚に伴う慰謝料については、本章4で述べたように一括払の事例が多いが、それが多額となる場合には、分割払も認められる。

・一般論としては、当事者が協議で離婚に伴う慰謝料を定める場合には、その金額に上限はないのであるが、裁判や審判による場合には、比較的低額化する傾向があるといえよう。

・離婚に伴う慰謝料を協議で定める場合には、支払方法（弁済期、振込口座など）を明確に定めておくべきである。

・慰謝料額が比較的高額となるために分割払とする場合には、本文例のように分割払条項と期限の利益喪失条項とを記載しておいた方がよいであろう。

・また、遅延損害金の定めも有効である。民事法定利率は、債権法改正によって、年5％から年3％に改正されたため（民法404条2項）、文例では、年3％としている。

基礎知識

離婚に伴う慰謝料の支払方法については、離婚当事者が自由に定めることができる。一括払でも分割払でも法的には全くかまわないのであるが、分割払の場合には、途中で慰謝料支払義務者の不履行が生じたときの措置を考えておかなければならない。

本文例では、慰謝料支払義務者の不履行に対処するために、期限の利益喪失条項と遅延損害金条項を定めることとしたが、不履行に備えるための遅延損害金を利息制限法の範囲内でもっと高く設定することもあり得る。

サンプル条文のポイント

●サンプル１ ▶▶▶慰謝料支払等契約公正証書の場合●

慰謝料支払等契約公正証書

(1)　ＡとＢは、協議離婚に合意し、作成した離婚届をＡが速やかに提出する。

(2)　ＢがＡに対し離婚による慰謝料として120万円の支払義務があることを認め、平成26年６月までに分割して支払う。

(3)　本件離婚に関し一切を解決し、同契約の条項に定めるほか、Ａ及びＢ間に何らの債権債務が存在せず、名目を問わず金銭等の請求をしない。

（東京地判平成26年10月27日平成25年（ワ）22434号公刊物未登載〔29043154〕の理由中から引用）

解　説

本文例は、分割払で期限の利益喪失条項及び遅延損害金条項も備えた慰謝料支払条項である。その第２項では、慰謝料としてとするだけで、離婚原因は特に限定していない。したがって、すべての離婚原因を前提とした慰謝料請求と解される。

サンプル１は、離婚に伴う慰謝料請求をするに当たり、公正証書で契約した事例で、分割払を約しているものである。公正証書で慰謝料の支払を契約し、強制執行認諾文言を入れておけば、強制執行が容易となり、支払を促進する効果が認められる。本文例は簡略化されていて、各分割金の額や弁済期が明確にされていないため、これだけでは強制執行はできない。強制執行認諾文言を付す場合には、金額と弁済期を明確にしておかなければならない。強制執行認諾文言の文例等については、第２章12を参照されたい。

離婚原因については、民法770条１項が５つの離婚原因を定めている。同条１項各号に定める離婚原因について、離婚訴訟の訴訟物（訴訟における審判の対象）をどのように考えるべきか問題となる。つまり、離婚原因ごとに離婚を請求できるのか、それとも、離婚原因は何であるにしろ、１つの離婚請求権があると考えるのか、ということである。

判例は、伝統的な訴訟物理論に基づき、同項１号ないし４号の具体的離婚原因（不貞行為・悪意の遺棄・３年以上の生死不明・回復の見込みがない強度の精神病）と同項５号の抽象的離婚原因（婚姻を継続し難い重大な事由）とを区別せず、４号までの所定の離婚原因を主張している場合に５号所定の離婚原因をも主張していると解することは許されないとして、離婚原因ごとに訴訟物が異なると解している（最判昭和36年４月25日民集15巻４号891頁〔27002310〕）。

そうすると、別な離婚原因を主張すれば何度も離婚の訴えを提起できそうにもみえるが、人事訴訟法25条では失権効（遮断効）を定めており、離婚訴訟の判決確定後は当該訴訟で主張し得た事実に基づいて同一の身分関係を再度争うことはできないものとされているため、結果的には、異なる離婚原因を後日主張して蒸し返すことはできないことに注意が必要である。

そうだとすれば、他の離婚原因による慰謝料請求の蒸し返しは困難であるが、蒸し返しがないことを確認しておくには、「ＡとＢの離婚に関しては、本条項に定めるほか、何らの債権債務がないことを相互に確認し、今後、名義のいかんを問わず、互いに金銭その他の一切の請求をしない。」という確認条項を記載しておくことも考えてよいであろう。

●参考判例・審判例●

最判昭和36年４月25日民集15巻４号891頁〔27002310〕

東京地判平成26年10月27日平成25年（ワ）22434号公刊物未登載〔29043154〕

6　財産分与に慰謝料を含めて請求する文例

1　申立人と相手方は、本日調停離婚する。

2　相手方は、申立人に対し、本件離婚に伴う財産分与（慰謝料を含む。）として、金300万円の支払義務があることを認め、これを、令和○年○月から令和○年○月まで、毎月末日限り、金10万円あて分割して、申立人名義の銀行口座（○○銀行○○支店の普通預金口座、口座番号○○○○○○○）に振り込む方法により支払う。

3　相手方が前項の分割金の支払を２回以上怠り、かつ、その額が金20万円に達したときは、当然に期限の利益を喪失し、相手方は、申立人に対し、前項の金員から既払分を除いた残金及びこれに対する期限の利益喪失の日の翌日から支払済まで年３％の割合による遅延損害金を付加して即時に支払う。

（調停協会・条項事例23頁［24］を修正）

特殊事情・背景

・離婚に伴う慰謝料については、財産分与に含めて請求することもできるし、財産分与とは別に独立して請求することもできる。

・財産分与における慰謝料的要素は、独立した形では家事審判の対象ではない。財産分与の他の要素が家事審判の対象であるのに対し、慰謝料的要素は不法行為に基づく損害賠償請求権であるから、民事訴訟の対象である。

・家事審判は家庭裁判所が管轄を有するのに対し、民事訴訟は地方裁判所が管轄を有している。また、財産分与の消滅時効期間は、離婚時から２年（民法768条２項）であるのに対し、不法行為に基づく損害賠償請求権の消滅時効期間は、被害者又はその法定代理人が損害及び加害者を知った時から３年若しくは不法行為時から20年（同法724条１号）である。

基礎知識

財産分与請求権と不法行為に基づく損害賠償請求権とは、理論的にも現実的にも性質の異なる権利であることに異論はない。しかし、慰謝料請求権の補充的な特質を活かして、紛争の柔軟な一回的解決を図るという意味では、慰謝料を含めて財産分与請求できることがむしろ望ましいと思われる。

つまり、ある夫婦が離婚した後に、一方の配偶者が他方の配偶者に対して、共有財産の清算と離婚後扶養料を請求するために、家庭裁判所に財産分与の調停・審判を申し立てたものの、婚姻中の相手方の暴力行為に対する慰謝料も請求したいという場合には、改めて地方裁判所に民事訴訟を提起しなければならなくなってしまうと、それ自体がかなり面倒であるとともに、２つの裁判を維持していくことには心理的負担もあるため、ややもすると、泣き寝入りせざるを得なくなることもあり得る。したがって、慰謝料的要素につき、財産分与に含めて請求できるとすることには理由がある。

解　説

本文例は、離婚に伴う慰謝料請求を財産分与に含めて請求する場合の条項である。「慰謝料を含む。」としているだけで、離婚原因は特に限定していない。したがって、すべての離婚原因を前提とした慰謝料請求と解される。

慰謝料を財産分与に含めて請求することができるとしているのは、当事者の便宜のためというだけであって、財産分与請求には慰謝料を含めなければならないということではない。

したがって、いったん財産分与を請求しておき、その後に慰謝料を別途請求するという方法も可能である。しかし、財産分与請求の段階で、慰謝料を含んでいると解されるような条項にしたり、離婚に関する相互の権利義務について清算条項を置いていたりすると、後日の慰謝料請求はなし得ないことになるため、注意が必要である。

7　財産分与と別に慰謝料を請求する文例

1　原告と被告とを離婚する。

2　被告は原告に対し金1,200万円および内金200万円に対する昭和44年５月25日から完済に至るまで年５分の割合による金員を支払え。

3　原告のその余の慰藉料請求を棄却する。

4　訴訟費用は被告の負担とする。

この判決は、第２項のうち金200万円およびこれに対する附帯金の支払を命じる部分に限り、仮に執行することができる。

（大阪地判昭和48年１月30日判タ302号233頁〔27451864〕）

判決事項－理由

慰藉料的要素は財産分与に包括的不可分の関係で含まれているものではないのみならず、慰藉料請求権は財産分与請求権とその性質を必ずしも同じくするものではないから、財産分与に右慰藉料的要素を包含する等特段の事情のない限り財産分与と別個に慰藉料の請求をなすことを妨げるものではない。そして、右両者が併列的に請求された場合には、財産分与の請求は右の清算、扶養の趣旨においてのみこれを求めているものと解するのを相当とする。

（前掲昭和48年大阪地判）

特殊事情・背景

・離婚に伴う慰謝料については、財産分与とは別に独立して請求することもできる。

・離婚訴訟において、財産分与と慰謝料とが併せて請求されている場合には、財産分与については、清算的要素と扶養的要素の趣旨で請求されているものと解することとなる。

基礎知識

財産分与請求権と慰謝料請求権とは、性質の異なる権利である。しかし、紛争の柔軟な一回的解決を図るという意味では、慰謝料を含めて財産分与請求できることがむしろ望ましい。

したがって、離婚訴訟の当事者が自ら財産分与の請求と慰謝料の請求とを併せて請求している場合には、当事者の合理的な意思としては、財産分与の請求は、清算的要素及び扶養的要素を対象としているものと解するのが妥当である。

解　説

本文例は、離婚に伴う請求として、財産分与と慰謝料をともに請求した事案の判決主文とその理由である。

慰謝料請求を財産分与に含めて請求する場合の条項である。判決主文が述べている内金200万円が慰謝料に相当する金額であり、その他の1,000万円が財産分与の金額である。そのため、慰謝料の部分だけに遅延損害金が付されている。

●参考判例・審判例●

大阪地判昭和48年１月30日判タ302号233頁〔27451864〕

8　離婚の相手方に対する慰謝料請求権を放棄する文例

第３条（謝罪・慰謝料）
1　乙は、甲との婚姻期間中における、ｂ氏との不貞関係を認めて、甲に謝罪する。
2　乙は、前項の損害賠償（慰謝料）として、甲に対し、不法行為に基づく損害賠償債務（不真正連帯債務）のうち、乙の負担部分が300万円存在することを認める。
3　甲は、上記ｂ氏に対しては、同人の負担部分についての損害賠償（慰謝料）のみを請求することとし、上記ｂ氏から乙に対し求償権が行使されないよう配慮する。
第４条（自宅の所有権及び住宅ローン）
1　乙は、甲に対し、本件離婚による財産分与として、その共有持分を有する下記不動産を譲渡し、同不動産について甲のために財産分与を原因とする所有権移転登記手続をする義務のあることを認める。
2　本件不動産の購入資金として甲及び乙が借り受けた借入金債務の平成28年12月24日現在の残債務金2,707万0,291円は、甲が支払うこととする。
3　乙は、前項の借入金が弁済されたとき、または、乙が同債務について連帯債務者及び連帯保証人の地位から免責されたときは、甲に対し、財産分与を原因とする所有権移転登記手続をする。登記手続費用は、甲の負担とする。
（以下、第４条略）
第５条（放棄）
　甲は、前条の所有権移転登記手続が完了されることを条件として、第３条２項の慰謝料請求権を放棄する。
（以下、第６条ないし第７条は略）
第８条（清算条項）
　甲及び乙は、本離婚協議書に定めるほか、何らの債権債務がないことを相互に確認する。
（東京地判令和元年９月４日平成29年（ワ）30289号公刊物未登載〔29056986〕で認定された離婚協議書）

基礎知識

離婚の際、一方の配偶者が他方の配偶者に対して、慰謝料請求権を放棄する場合がまれに存する。慰謝料請求権は、放棄することのできる権利である。したがって、他の様々な離婚給付との兼合いで、他の離婚給付が履行されるならば、慰謝料請求権を放棄するとの合意がなされることがある。

その場合には、他の離婚給付がなされることを停止条件として、慰謝料請求権を放棄するとの条項を織り込むこととなろう。

解　説

本文例は、離婚に伴う請求として、財産分与と慰謝料をともに請求するものの、財産分与が完全に履行されることを停止条件として、慰謝料請求権を放棄することを明記した文例である。

この事件では、離婚協議書として、このような合意を文書化しているため、参考までに当該離婚協議書の主たる部分を掲げておいた。

●参考判例・審判例●

東京地判令和元年９月４日平成29年（ワ）30289号公刊物未登載〔29056986〕

9　不貞行為の相手方に対する慰謝料請求権を放棄する文例

申立人は、相手方に対し、申立外○○○○に対して慰謝料を請求しないことを約束する。

（調停協会・条項事例30頁［35］）

・—・—・—・—・—・—・—・—・—・—・—・—・—・—・

参考事例－和解条項

当事者双方及び参加人は、以上をもって本件離婚に関する一切の紛争を解決したものとし、上記条項のほか、名義のいかんを問わず、今後互いに金銭その他の財産上の請求をしない。

（調停協会・条項事例42頁［56］）

・—・—・—・—・—・—・—・—・—・—・—・—・—・—・

特殊事情・背景

・離婚配偶者は、不貞行為の相手方に対して慰謝料請求をなし得るものとされている。

・不貞行為の相手方に対する慰謝料請求権も放棄し得る権利であり、権利者である離婚配偶者は、いつでも慰謝料請求権を放棄できる。

・慰謝料請求権を維持する方が金銭的に有効なようにも思えるが、不貞行為は、他方配偶者と相手方との共同不法行為に該当し、他方配偶者と相手方とが不真正連帯債務の関係に立つことになるのであるから、他方配偶者から慰謝料全額の支払を受けるならば、不貞行為の相手方に対する慰謝料請求権は放棄してもかまわないこととなる。

・要するに、不貞行為の場合の慰謝料請求権は、どちらからいくらとればいいのかを考えて、最終的な条項を決めていけばよいこととなる。

基礎知識

離婚に基づく慰謝料請求権は、離婚原因が不貞行為である場合、他方配偶者と不貞行為の相手方との共同不法行為となり、両者の関係は不真正連帯債務になるものと解されている（東京高判令和元年９月25日判タ1470号75頁〔28281322〕など）。したがって、不貞行為に基づく損害賠償請求が認容される場合には、「第１審被告らは、第１審原告に対し、連帯して330万円及びこれに対する平成25年12月31日から支払済みまで年５分の割合による金員を支払え。」というような主文となる（前掲令和元年東京高判）。

解　説

1　離婚訴訟に参加する場合

本文例は、離婚当事者の相手方に対して、不貞行為の相手方に対する慰謝料請求権を放棄した条項であるが、この条項に基づく効力は、不貞行為の相手方に直接に及んでいるわけではない。

そこで不貞行為の相手方にも慰謝料請求権の放棄の効力を及ぼすためには、当該相手方に協議に参加してもらうか、若しくは、離婚調停又は離婚訴訟に参加してもらい、当該相手方を含む形で、合意書あるいは調停条項・和解条項を成立させなければならない。参考事例は、離婚訴訟に参加して和解する場合の和解条項の文例である。

2　不貞行為の相手方に対する慰謝料請求

不貞行為の相手方に対する損害賠償請求権について、法的には、どのような構成が妥当か問題となる。夫婦間には相互に貞操維持義務（貞操維持請求権）があるものだとすれば、不貞行為は第三者がその請求権を侵害するものであるから、いわゆる積極的債権侵害となる。そうだとすると、積極的債権侵害の場合、当該相手方に害意があるような場合にのみ、不法行為が成立するとするのが従来の考え方であった。

しかし判例は、たとえ当該相手方に害意がなかったとしても、妻からの慰謝料請求については過失があれば慰謝料請求権を肯定し、子どもの慰謝料請求権については相当因果関係がないとして否定している（最判昭和54年３月30日民集33巻２号303頁〔27000202〕）。また、判例は、不貞行為という不法行為の保護法益について、「婚姻共同生活の平和の維持という権利又は法的保護に値する利益」であるとし、婚姻破綻後はもはやその利益が侵害されていないとして、不法行為の成立を否定している（最判平成８年３月26日民集50巻４号993頁〔28010413〕）。

そして最近、最高裁は、さらに新しい判決を出している。離婚させることを意図して不当な干渉をするなどし、離婚のやむなきに至らしめたというような特別な事情がある場合には、そのような行為が第三者による不法行為に該当する可能性があるとして、不貞行為に基づく慰謝料請求とはまた異なる理由に基づく慰謝料請求の余地を認めている（最判平成31年２月19日民集73巻２号187頁〔28270649〕）。

なお、子どもの慰謝料請求権については、「被告は、Ｆと覚せい剤を使用した上、不貞行為を継続し、同人と行動を共にするなどしたものであり、Ｆの不貞行為及びＦが原告Ｄ及び原告子らの元を離れ行動するのを助長し、原告ＤとＦの夫婦関係を破綻に至らせたものであって、その態様は悪質であるといわざるを得ない。」との判断のもと、「原告子らの上記法的利益を害することを容認しつつ、Ｆが原告子らに対する監護等を行うことを積極的に阻止しているということができるのであって、被告の行為は、原告子らに対する不法行為を構成するというべきである。」として、子どもの慰謝料請求権を肯定したものがある（東京地判令和元年10月28日平成31年（ワ）7735号公刊物未登載〔29056445〕）。

●参考判例・審判例●

最判昭和54年３月30日民集33巻２号303頁〔27000202〕
最判平成８年３月26日民集50巻４号993頁〔28010413〕
最判平成31年２月19日民集73巻２号187頁〔28270649〕

東京高判令和元年9月25日判タ1470号75頁〔28281322〕
東京地判令和元年10月28日平成31年（ワ）7735号公刊物未登載〔29056445〕

Column 5　離婚慰謝料の相場感

慰謝料とは、不法行為に基づく精神的損害に対する賠償金のことを指しています。したがって、どのような不法行為に基づき、どの程度の精神的損害を被ったのかによって、慰謝料の金額は変わってくることになります。離婚慰謝料について、離婚原因に基づく慰謝料を考えると、不貞行為があった場合の慰謝料と悪意の遺棄があった場合の慰謝料とは、それぞれ異なる意味を持つと思います。

もっとも、不貞行為があった場合の慰謝料については、精神的損害を被った人の受け止め方によって被害額は異なるようにも思えます。しかし、敏感な人の損害額は多くて鈍感な人の損害額は少ないというのも問題ですし、裁判官によって被害額の算定が著しく異なるというのも問題です。ある程度、平等や公平という視点から、一定の相場のようなものを想定するのも仕方ないことだろうと思います。

データベースで調べてみると、最近の不貞行為に対する慰謝料額は、130万円から200万円までの金額であることが多いようです。ただし、相手配偶者が妊娠中であったり、病気で入院中であったりする場合には、それよりも多額の慰謝料が認められているようですし、精神的損害の大きさからは当然だともいえるでしょう。つまり、基本的な慰謝料額を150万円程度として、具体的な事情によっては、そこから増額されたり、逆に減額されたりすることがあると考えていいのではないかと思います。

一方配偶者の不貞行為に対する損害賠償請求（慰謝料請求）は、他方配偶者とその相手方である第三者との共同不法行為（民法719条１項）になります。他方配偶者は自分が不倫できない立場にあることは知っていますから、もちろん故意による不法行為になりますが、その相手方である第三者は故意によるものか過失によるものか一概にはわかりません。

他方配偶者が「もう離婚が成立している」などと嘘をついて

不倫していることも多いわけですが、その相手方にも過失がある場合が多いでしょう。相手方が薄々はそれが嘘だとわかっていたのだとすると、故意による不法行為になります。そのあたりの事情も慰謝料額には多少反映されることになるかと思います。

なお、共同不法行為による場合、他方配偶者と相手方第三者の損害賠償義務は、これまでの判例では、免除の絶対効などを避けるために不真正連帯債務という概念を形成していました。しかし、債権法改正によって連帯債務も相対効の原則が適用されるものとされたため、不真正連帯債務という概念を維持すべきかどうか問題が残っています。いずれにしても、一方配偶者は、他方配偶者とその相手方である第三者のどちらに対しても、自己の被った慰謝料を全額請求できることになります。

第4章

財産分与

1　不動産を現物として財産分与する文例

1　相手方は、申立人に対し、本件離婚に伴う財産分与として、別紙物権目録記載の不動産の相手方共有持分（持分２分の１）を分与する。

2　相手方は、申立人に対し、前項の不動産につき、上記財産分与を原因とする共有持分全部移転登記手続をする。ただし、登記手続費用は申立人の負担とする。

（調停協会・条項事例15頁［19］）

・―・―・―・―・―・―・―・―・―・―・―・―・―・―・

審判事例－主文

4　被告は、原告に対し、財産分与として、別紙１物件目録記載の不動産の被告持分全部を譲渡せよ。

5　被告は、原告に対し、別紙１物件目録記載の不動産につき、前項の財産分与を原因とする被告持分全部移転登記手続をせよ。

（東京家判平成30年３月15日平成27年（家ホ）575号等公刊物未登載）

・―・―・―・―・―・―・―・―・―・―・―・―・―・―・

特殊事情・背景

・民法768条１項は、「協議上の離婚をした者の一方は、相手方に対して財産の分与を請求することができる。」と定めており、この条文は、裁判上の離婚をするときにも準用されている（同法771条）。

・この条文からは、財産分与がどのような性質を有しているのか、財産分与でどのような具体的な請求をなし得るのか、財産分与の決定基準はどのようなものなのかなどの重要な問題点が明確にされておらず、解釈に委ねられている。そのため、財産分与については、判例を検討して、それらの問題点について押さえておく必要がある。

基礎知識

離婚に伴う財産分与については、判例によれば、3つの要素（清算的要素、扶養的要素、慰謝料的要素）があるとされている（最判昭和46年7月23日民集25巻5号805頁〔27000620〕）。民法768条2項は、財産分与について協議が調わず、又は協議できないときは、当事者は、家庭裁判所に対して協議に代わる処分（審判）を請求することができるとして、その場合の財産分与の決定基準については、「家庭裁判所は、当事者双方がその協力によって得た財産の額その他一切の事情を考慮して、分与させるべきかどうか並びに分与の額及び方法を定める。」としており、この条文も裁判上の離婚にも準用されている（同法771条）。

財産分与の判断に関する明示方式には、一括型と個別型があるとされている。一括型とは、上記の3つの要素に関する諸事情を一括して認定し、総合的に判断して財産分与額を定める方式である。個別型とは、上記の各要素ごとに分与額を算定し、それらを合算したものを財産分与額とする方式である。

もっとも、それらの方式は、財産分与の調停や審判では、「Aは、Bに対して、財産分与として○○を分与する。」などという結論になるだけであって、必ずしも方式の違いが結論に示されるわけではない。

サンプル条文のポイント

●サンプル1▶▶▶土地全部を財産分与する場合●

1　相手方から申立人に対し、別紙第1物件目録の(2)記載の不動産を財産分与する。

2　相手方は申立人に対し、別紙第1物件目録の(2)記載の不動産につき、財産分与を原因とする所有権移転登記手続をせよ。

（岡山家倉敷支審平成10年12月14日家月51巻6号61頁〔28041718〕）

解　説

1　清算的要素の財産分与

清算的要素における財産分与の対象財産は、婚姻中に形成された夫婦共有財産と過去の婚姻費用分になる。各配偶者の特有財産は、清算的要素における財産分与の対象財産には含まれない。清算的要素の財産分与を確定するための基準時については、夫婦が協力して財産を形成したものを清算するのであるから、当事者が別居した時点を基準とすべきだろうと思われる（別居時基準説）。そうだとすれば、当事者が別居するまでに形成した財産を対象として清算的要素における財産分与がなされることとなる。

清算的要素における財産分与の法的根拠は、民法762条２項が夫婦の法定財産制について夫婦のいずれかに属するか明らかでない財産は共有に属するものと推定していることにある。しかし、同条１項は、「夫婦の一方が婚姻前から有する財産及び婚姻中自己の名で得た財産は、その特有財産（夫婦の一方が単独で有する財産をいう。）とする。」と定めているのであり、婚姻中に形成された財産であっても、一方の名義で得た財産は、特有財産として清算的要素における財産分与の対象財産とはならないように思える。

この点については、学説上争いがあり、これらの条文をそのまま文字どおりに解釈するのか、それとも、それでは専業主婦の家事労働が評価されないことになるため、同条２項の共有推定を拡張解釈するのかという対立がある。判例は一貫してこれらの条文をそのまま文字どおりに解釈している。ただし、現在の実務では、平成８年の民法改正要綱で清算的財産分与につき原則として夫婦間で半分ずつとする「２分の１ルール」を定めていたことから、夫婦の財産形成に対する寄与度が２分の１ずつとし、特別な事情がある場合には、寄与度割合を変更するという取扱いが主流になっていると思われる。

2　扶養的要素の財産分与

現在の財産分与制度については、民法762条を前提に、清算的要素が中心的要素であるようにとらえられているが、大正時代の民法改正要綱では、むしろ扶養的要素が中心的要素と考えられていた。現在の判例でも、清算的要素と扶養的要素は併記されており、どちらが主でどちらが従であるという位置付けはなされていない。

ただし、債務超過状態であるにもかかわらず、扶養的要素があるからといって、債権者に優先して離婚した配偶者が財産分与を取得できるというのは、あまり常識的ではない。理論的に考えても、扶養の考え方に基づくのであるから、扶養義務者の扶養可能性と扶養権利者の扶養必要性という要件を満たした場合に、具体的な扶養的要素の財産分与請求権が生ずるというべきである。そうだとすれば、債務超過の場合には、扶養義務者の扶養可能性がないため、具体的な財産分与請求権も発生しないと考えられる。

したがって、財産分与の判断においては、清算的要素と慰謝料的要素に基づく財産分与がなされてもなお離婚配偶者が生計を維持するに足りない場合に、扶養権利者の扶養必要性という要件が満たされることとなり、扶養的要素に基づく財産分与をなし得るというべきである。そうすると、扶養的要素に基づく財産分与は、補充的な性格を有していると評価することとなる。

3　慰謝料的要素の財産分与

慰謝料的要素における財産分与については、清算的要素や扶養的要素とは法的性質が異なっている。清算的要素と扶養的要素は、家庭裁判所の後見的役割による裁量判断によって定められる非訟事件の性質を有している。これに対して慰謝料的要素は、離婚原因が不法行為に該当している場合、当該不法行為に基づく損害賠償請求権という訴訟事件の性質を有している。

そのため、清算的要素や扶養的要素の権利行使期間は2年であるが（民法768条２項)、慰謝料的要素の消滅時効期間は加害者も損害も明確であるから原則として３年である（同法724条１号)。また、慰謝料的要素は、財産分与の審判とは別に単独で訴訟を提起して争うことも可能である。つまり、慰謝料的要素については、紛争の柔軟な一回的解決を図るために、財産分与に含めて請求することができるという便宜的なものにすぎない。

4　不動産を現物として財産分与する場合～ 文例の考え方

本文例及び審判事例は、いずれも一方当事者の有する不動産の持分を財産分与するものである。不動産を現物として財産分与する場合には、対抗要件である不動産登記の移転手続まで定めておく必要がある。その場合の移転登記は、「財産分与」を原因として登記することとなる。

サンプル１は、不動産の持分ではなく、不動産全部を財産分与するものである。不動産を現物として財産分与する場合には、課税問題を忘れてはならない。不動産を現物として財産分与する場合には、分与してもらった側に贈与税が課税されるのではなく、分与した側に譲渡所得税が課税される。この点については後述する。

文例もサンプル１も別紙物権目録をもって対象不動産を特定している。対象不動産の特定方法としては、土地の場合、①所在、②地番、③地目、④地積で特定する（不動産登記法34条１項)。建物の場合、①所在・地番、②家屋番号、③建物の番号があるときは建物の番号、④種類、⑤構造、⑥床面積などで特定する（同法44条１項)。具体的な物権目録は、区分所有建物の場合、次のようなものとなる（同条同項)。

物　権　目　録

一棟の建物の表示

　所　　　在

　建物の番号

専有部分の建物の表示

　家 屋 番 号

　建物の番号

　種　　　類

　構　　　造

　床　面　積

敷地権の表示

　土地の符号

　所在及び地番

　地　　　目

　地　　　積

　敷地権の種類

　敷地権の割合

●参考判例・審判例●

最判昭和46年７月23日民集25巻５号805頁〔27000620〕

岡山家倉敷支審平成10年12月14日家月51巻６号61頁〔28041718〕

東京家判平成30年３月15日平成27年（家ホ）575号等公刊物未登載

2　住宅ローンがある場合の財産分与の文例

別紙物権目録記載の不動産の購入資金として、申立外住宅金融公庫（取扱店○○銀行○○支店）が、平成○年○月○日、当事者双方に対して貸し付けた金900万円の債務は、申立人が責任をもって返済する。

（調停協会・条項事例15頁〔19〕）

・―・―・―・―・―・―・―・―・―・―・―・―・―・―・

審判事例－理由

甲は、上記建物取得の際、甲が金融機関から借り受けた借受金の返済（住宅ローン：月額104,588円）並びに管理費及び駐車場費月額合計30,400円の支払いを誠意をもって行うことを約した。

（横浜家審平成30年４月20日判タ1465号94頁〔28272713〕）

・―・―・―・―・―・―・―・―・―・―・―・―・―・―・

特殊事情・背景

・財産分与の対象となっている不動産に住宅ローンとそのための担保が付されている場合には、当事者間の合意で財産分与するだけでは、問題は解決しない。なぜなら、住宅ローンの名義人が債務を負っているのであって、住宅ローンの債務者が住宅ローン債務の弁済を継続して債務が消滅しない限り、対象財産が担保権の実行によって所有権を喪失する可能性が残っているからである。
・したがって、住宅ローンが残っている場合、清算的要素に基づく財産分与を行うときには、不動産価格から残ローン額を控除した価値で分与するのか、それとも、債務者たる分与者が責任をもって弁済を継続することとして、不動産価格をもって分与するのかも問題となる。本文例や審判事例は、相手方が責任をもって弁済することを約する場合の文例である。

基礎知識

離婚に伴う財産分与として、住宅ローンが残っており、住宅ローンの担保が付されている不動産を財産分与の対象とする場合には、住宅ローンをどのように取り扱うかが問題となる。

１つには、残ローン額を相手方が責任をもって弁済することを約し、それを信頼して不動産を財産分与する方法がある。相手方がそのような合意に反して、残ローン額を弁済しなかった場合には、担保権が実行されて分与された不動産の所有権を喪失することもあり得るが、それ以外に分与すべき財産がないときには、相手方を信頼して不動産の分与を受けるしかないこともある。

もう１つには、残ローンの債権者と交渉し、残ローンの担保から財産分与の対象不動産を外してもらい、債務者である相手方の特有財産等に担保を付け替えてもらう方法がある。相手方が対象不動産以外にも特有財産として担保価値を有する不動産等を保有している場合には、そのような方法が最も安心できる財産分与の方法であろう。

住宅ローンについて、相手方が債務者となっているのではなく、当事者双方が連帯債務者などになっている場合には、住宅ローンの債権者である金融機関と交渉して、相手方が全債務について免責的債務引受を行い、分与を受ける者の債務を免責してもらったうえで、担保を外してもらうことにならざるを得ない。これは、担保の付け替えよりもハードルの高い処理方法であるが、相手方が相当な資産を保有している場合には、不可能な方法ではないだろう。

サンプル条文のポイント

●サンプル１ ▶▶▶土地全部を財産分与する場合●

⑴　原審申立人に対し、別紙物件目録《略》記載の土地建物の原審相手方持分２分の１を分与する。

⑵　原審相手方は、原審申立人に対し、別紙物件目録《略》記

載の土地建物の原審相手方持分２分の１につき、前項の財産分与を原因とする持分移転登記手続をせよ。

（東京高決平成29年６月30日判タ1451号140頁〔28261439〕）

●サンプル２▶▶▶住宅ローンの名義を単独名義に変更する場合●

１　申立人は、相手方に対し、申立人、相手方及び申立外Ａが平成○○年○月○日付け金銭消費貸借契約に基づいて住宅金融公庫（債権額2,000万円）から連帯して借り受けた債務について、相手方及び申立外Ａが連帯債務者から速やかに脱退する手続をするよう協力することを約束する。

２　申立人は、相手方に対し、前項記載のローンの支払を、平成○○年○月の支払分から申立人が責任をもって支払っていくことを約束する。

（調停協会・条項事例25頁［26］）

解　説

本文例及び審判事例は、住宅ローンが残っている場合に、当該不動産を財産分与するときの文例である。当事者間では、このような財産分与を行うことが可能であるが、当事者間でこのような合意が行われたとしても、金融機関を拘束するものではない。当事者双方が連帯債務者等となって借り受けている以上、金融機関は、このような合意にかかわらず、相手方に残債権を請求できる。

したがって、このような合意を行うときには、事前に金融機関に相談し、免責的債務引受をもって財産分与できないかなどを確認すべきである。その点については、以下で述べる。

サンプル１は、住宅ローン残額が残って担保も付されている不動産を財産分与する場合の文例である。しかし、この場合には、住宅ローン残額とほぼ同額の相手方の銀行預金が存しており、その相手方名義の普通預金口座（口座番号××××）の預金は、申立人と相手方が不動産を各持分2分の1として購入した際に、その資金として連帯債務として借り入れた住宅ローンの預金担保となっているため、その預金額と住宅ローン債務額はほぼ同じであるから、離婚時の財産分与の対象となる資産としては、これらを併せて評価し、預金、債務とも0と評価し、対象不動産については、登記上は担保が付されているが、その評価額から被担保債務額を控除しないこととして財産分与した場合の文例である。

サンプル2は、免責的債務引受の手続をとることを約する場合の文例である。免責的債務引受については、債権法改正によって、免責的債務引受は、債権者と引受人となる者との契約によってすることができるとされ（民法472条2項第1文）、また、債務者と引受人となる者が契約をし、債権者が引受人となる者に対して承諾をすることによってもすることができると定められた（同条3項）。

したがって、このような条項に基づく免責的債務引受は、債権者である住宅金融公庫が承諾することによって有効となる。

●参考判例・審判例●

東京高決平成29年6月30日判タ1451号140頁〔28261439〕
横浜家審平成30年4月20日判タ1465号94頁〔28272713〕

3　住宅ローンの担保がある不動産を売却して残代金を分与する文例

ア　被告は、原告に対し、自宅不動産の売却代金3,800万円から住宅ローン残高1,500万円を控除した残金の２の１に相当する1,150万円を支払う。

イ　前項の支払は、住宅ローンの完済後３日以内とする。

（東京地判令和元年９月10日平成30年（ワ）26901号公刊物未登載〔29056683〕）

* * *

判決事例－主文

１　被告は、原告に対し、850万円及びこれに対する平成30年６月１日から支払済みまで年５分の割合よる金員を支払え。

２　訴訟費用は被告の負担とする。

３　この判決は仮に執行することができる。

（前掲令和元年東京地判）

* * *

特殊事情・背景

・原告と被告が離婚に際し、共有名義となっていた自宅不動産の登記名義を被告単独のものとし、連帯債務となっていた自宅不動産に係る住宅ローンについても、被告が原告の債務を引き受けて被告の単独債務へと改められた。原告は、離婚を機に自宅不動産を離れて生活したが、被告は多額の負債を抱えていたため、弁護士に債務整理を依頼し、債務整理の一環として自宅不動産を売却することとなった。そこで原告は、被告に対し、自宅不動産売却に関し、財産分与契約書及び合意書に基づいて、自宅不動産の売却代金から住宅ローン残高を控除した残金の２分の１に相当する金額を請求したものである。

基礎知識

離婚に伴う財産分与として、住宅ローンが残っており、住宅ローンの担保が付されている不動産を財産分与の対象とする場合には、住宅ローンをどのように取り扱うかが問題となり、本章２で財産分与する側が責任をもって残債務を弁済することを約したり、免責的に債務引受をしたりする方法を述べておいた。

本判決事例は、免責的債務引受によって住宅ローンの債務を引き受けることとして、対象不動産の引受債務者が分与を受けることとしたものであるが、もし不動産が売却された場合には、残額を２分の１ずつ分与することとする財産分与契約書及び合意書を作成しており、当該契約に従って、半分の売却益を請求したという事例である。

解　説

判決事例は、住宅ローンが残っている場合の対応として、珍しい事案であると思われるため、参考までに文例として掲載しておくこととした。原告は、被告と子どもの生活を尊重して、住宅ローン債務を引き受けることを前提に自宅不動産を被告に分与したのであるが、財産分与契約書を締結し、もし自宅不動産を売却処分するのであれば、売却代金から住宅ローン残額を控除した残金は、２分の１ずつ取得するものとしておいた事案である。

●参考判例・審判例●

東京地判令和元年９月10日平成30年（ワ）26901号公刊物未登載〔29056683〕

4　動産を現物として財産分与する文例

Ａは、Ｂに対し、洋服タンス一棹、整理タンス一棹、水屋一個を財産分与する。

Ａは、Ｂに対し、前項記載の動産を、Ｂの住居において引き渡す。動産の引渡しに要する費用は、Ｂの負担とする。

（最判昭和46年７月23日民集25巻５号805頁〔27000620〕の事案を修正）

・—・—・—・—・—・—・—・—・—・—・—・—・—・—・

判決事例－主文

被控訴人は、控訴人に対し、別紙自動車目録記載の自動車につき所有権移転登録手続をせよ。

（名古屋高判平成21年５月28日判時2069号50頁〔28161100〕）

・—・—・—・—・—・—・—・—・—・—・—・—・—・—・

特殊事情・背景

・動産の現物を財産分与する場合も不動産を財産分与する場合と異ならない。

・しかし、不動産の財産分与の履行方法については、対抗要件である所有権移転登記手続を行うことをもって履行方法とするのが一般である。

・動産の財産分与の履行方法については、対抗要件は引渡しであるため、相手方住所地における対象動産の現実の引渡しによることが多いであろう。

・自動車も動産であるが、自動車については登録制度が整えられており、対抗要件は登録になるため（道路運送車両法５条１項)、自動車の財産分与の履行方法については、引渡しでなく、所有権移転登録となる。

・なお、動産の譲渡に関する対抗要件としては、「動産及び債権の譲渡の対抗要件に関する民法の特例等に関する法律」(動産・債権譲渡特例法）が定められているが、離婚に伴う財産分与において、同法を活用する事例はほとんどないであろう。

基礎知識

離婚に伴う財産分与として、動産を対象とする場合もあり得る。ただし、婚姻成立後に購入した夫婦共有財産となる動産については、さほどの価値があるものはあまりなく、わざわざ財産分与を受けるよりも金銭の財産分与を受けて新たに購入した方がよいともいえそうである。各当事者が婚姻前から保有している重要な動産は、それぞれの特有財産であって、そもそも財産分与の対象とならないものが多いであろう。

解　説

本文例は、本章１に記載した、財産分与の３つの性質を明らかにした最高裁判決の事案になっている財産分与を当事者の約定に修正しなおしたものである。昭和46年という時代であり、洋服タンスや水屋（いわゆる茶タンスなどのこと）が対象となっている。履行方法は、現実の引渡しとした。

判決事例は、自動車の財産分与が問題となった裁判例から引用したものである。自動車は登録が対抗要件であるから、履行方法は所有権移転登録手続とされている。

●参考判例・審判例●

最判昭和46年７月23日民集25巻５号805頁〔27000620〕

名古屋高判平成21年５月28日判時2069号50頁〔28161100〕

5　金銭を財産分与する文例

1　申立人と相手方は、本日調停離婚する。

2　相手方は、申立人に対し、本件離婚に伴う慰謝料及び財産分与として、金300万円の支払義務があることを認め、これを、令和○年○月から令和○年○月まで、毎月末日限り、金10万円あて分割して、申立人名義の銀行口座（○○銀行○○支店の普通預金口座、口座番号○○○○○○○）に振り込む方法により支払う。

3　相手方が前項の分割金の支払を2回以上怠り、かつ、その額が金20万円に達したときは、当然に期限の利益を喪失し、相手方は、申立人に対し、前項の金員から既払分を除いた残金及びこれに対する期限の利益喪失の日の翌日から支払済まで年3％の割合による遅延損害金を付加して即時に支払う。

（調停協会・条項事例23頁［24］を修正）

審判事例－主文

被告は、原告に対し、財産分与として59万1631円を支払え。

（東京家判平成30年3月15日平成27年（家ホ）575号等公刊物未登載）

特殊事情・背景

・現金を財産分与する場合の文例は、極めてシンプルなものとなる。判決事例のようなものは、債務名義としてはこれだけで足りるが、協議で定める場合には、支払方法（弁済期、振込口座など）を明確に定めておくべきである。

・財産分与額が高額となる場合には、分割払の方が適切なこともある。そのような場合には、本文例のように分割払条項と期限の利益喪失条項とを記載しておいた方がよいであろう。

基礎知識

離婚に伴う財産分与としては、特に子どもが小さいときに、引き取って離婚する場合には、現金の分与が重要となるだろう。子どもが小さくて子どもの監護親がフルタイムで働けない状態にあるときは、離婚後扶養としての財産分与が重要となる。離婚後の財産分与が十分に行われなければ、離婚に基づく若年母子の貧困という現代的な問題が発生するし、それが子どもへのネグレクトに直結してしまうという第二次問題も惹起することに注意が必要である。

解　説

本文例は、分割払で期限の利益喪失条項も備えた財産分与条項である。その第２項でわざわざ「慰謝料及び財産分与として」と断っているのは、清算的要素と扶養的要素の財産分与と性質決定されてしまうと、その後に慰謝料請求は別途なし得ることとなるため、紛争を一回的に解決するための方策であろう。このような記載をしないとすれば、「離婚に関しては、本条項に定めるほか、何らの債権債務がないことを相互に確認し、今後、名義のいかんを問わず、互いに金銭その他の一切の請求をしない。」という確認条項を記載しておくこととなる。

●参考判例・審判例●

東京家判平成30年３月15日平成27年（家ホ）575号等公刊物未登載

6　過去の婚姻費用を清算する文例

相手方は、申立人に対し、婚姻費用の未払金として、金50万円の支義務があることを認め、これを、令和○年○月○日限り、申立人名義の銀行口座（○○銀行○○支店の普通預金口座、口座番号○○○○○○○）に振り込む方法により支払う。

（調停協会・条項事例29頁［34］を修正）

特殊事情・背景

・財産分与の清算的要素には、過去の婚姻費用の分担金に関する清算も含むものと解されている。婚姻費用の分担義務は、家庭裁判所の審判によって形成されるものとすると、審判前の婚姻費用分担義務はないこととなってしまうが、そうだとすれば、審判は申し立てられることを避けている限り、何らの義務も責任もないこととなってしまう不都合がある。

・この点について、昭和40年6月30日の最高裁判決（民集19巻4号1114頁〔27001290〕）は、「家庭裁判所が婚姻費用の分担額を決定するに当り、過去に遡つて、その額を形成決定することが許されない理由はなく、所論の如く将来に対する婚姻費用の分担のみを命じ得るに過ぎないと解すべき何らの根拠はない。」として、過去の婚姻費用を請求できることを明確にした。

・したがって、財産分与の清算的要素には、過去の婚姻費用分の請求を含めて考えてよいこととなり、昭和53年11月14日の最高裁判決（民集32巻8号1529頁〔27000223〕）も財産分与の一要素になることを認めている。

・本文例は、財産分与の清算的要素として、過去の婚姻費用の未払分金50万円を支払う旨の条項である。

基礎知識

民法760条は、「夫婦は、その資産、収入その他一切の事情を考慮して、婚姻から生ずる費用を分担する。」と定めている。この婚姻から生ずる費用のことを婚姻費用と呼んでいるのであり、婚姻費用とは、夫婦及び未成熟の子どもを含む婚姻共同生活を営むために必要な一切の生計費を指している。したがって、婚姻費用には、衣食住の費用、交際費、教養娯楽費、医療費、老後の準備費、子どもの出産費、子どもの養育費、子どもの教育費などがすべて含まれる。

したがって、父母が婚姻別居中であれば、子どもを現実に監護している親が婚姻費用分担請求として子どもの養育費を請求し得るが、離婚後は子の監護に関する処分として子どもの養育費を請求するか、あるいは、扶養料請求として子どもの養育費を請求するかの方法によることとなる。

解　説

本文例は、過去の婚姻費用の未払分につき。金50万円の支払義務があることを認定し、それを一定の時期までに銀行振込で支払わせて清算するという調停条項である。

過去の婚姻費用について、いつから清算の請求をなし得るのかについては、様々な考え方があるが、判決例には、東京高決昭和60年12月26日判タ603号80頁〔27800442〕のように、婚姻費用の分担を請求した時点から請求できるとする審判例が多い。

しかし、最近の審判例は、婚姻費用分担調停を申し立てた時点から請求できるとするものが多くなっている。東京高決平成29年12月15日判タ1457号101頁〔28265572〕、東京高決平成30年４月19日判時2403号58頁〔28262062〕、東京高決平成30年４月20日判タ1457号85頁〔28270013〕、大阪家審平成30年７月10日判タ1460号121頁〔28271292〕などは、いずれも調停申立時としている。

●参考判例・審判例●

最大決昭和40年６月30日民集19巻４号1114頁〔27001290〕
最判昭和53年11月14日民集32巻８号1529頁〔27000223〕
東京高決昭和60年12月26日判タ603号80頁〔27800442〕
東京高決平成29年12月15日判タ1457号101頁〔28265572〕
東京高決平成30年４月19日判時2403号58頁〔28262062〕
東京高決平成30年４月20日判タ1457号85頁〔28270013〕
大阪家審平成30年７月10日判タ1460号121頁〔28271292〕

7　離婚後扶養として使用借権を設定する文例

抗告人と相手方との間において、原審判別紙物件目録記載1、2の土地及び同3の建物について、次の内容の使用貸借権を設定する。

(1)　借主　抗告人

(2)　貸主　相手方

(3)　期間　平成11年6月4日から平成19年3月31日まで

(4)　借主の負担する費用　水道料金を含む共益費、駐車場使用料及び光熱費

（名古屋高決平成18年5月31日家月59巻2号134頁〔28130330〕）

判決事例－理由

扶養的財産分与として二女が高校を、長男が小学校を卒業する時期（離婚から約8年を経過した時期）である平成19年3月31日まで本件マンションについて相手方を貸主、抗告人を借主として、期間を離婚成立日である平成11年6月4日から平成19年3月31日までとする使用貸借契約を設定するのが相当というべきである。

（前掲平成18年名古屋高決）

なお、本件判決は、財産分与に関する個別型（各要素ごとに分与額を算定し、それらを合算したものを財産分与額とする方式）を採用しており、理由中の判断において、上記扶養的財産分与とは別に、清算的財産分与として、清算額も明示している。

基礎知識

離婚に伴う財産分与としては、現金の分与が重要となるとともに、住居費が不足するような場合、財産分与として居住場所の使用借権の設定

を行うこともあり得る方法である。そういう意味で、興味深い判決例があるので、取り上げておくこととした。

解　説

本文例は、離婚に伴う財産分与して、建物使用借権を設定するのであるが、その理由は、次のように指摘されている。「抗告人の上記収支の均衡は、住居費の負担がないことによって保たれているということができ（中略）、抗告人及び未成年者らが居住できる住居（ある程度の広さが必要であり、そうとすれば賃料負担も少なくない。）を別途賃借するとすれば、たちまち収支の均衡が崩れて経済的に苦境に立たされるものと推認される。」として、「離婚後の扶養としての財産分与として、本件マンションを未成年者らと共に抗告人に住居としてある程度の期間使用させるのが相当である。」と判断している。

また、そうした事情に加えて、「抗告人が相手方からの離婚要求をやむなく受け入れたのは、その要求が極めて強く、また本件文書において一定の経済的給付を示されたからこそであると推認され、上記給付には、抗告人が未成年者らを養育する間は家賃なしで本件マンションに住めることが含まれており、この事情は扶養的財産分与を検討する上で看過できない」とし、「抗告人は、本件マンションの購入費用を含めて合計1,000万円に近い持参金を婚姻費用として提供しており、これらは、夫婦共有財産としては残存しておらず、具体的な清算の対象とはならないものの、上記金額に照らすと、分与の有無、額及び方法を定める『一切の事情』（民法768条３項）のひとつとしてこれを考慮するのが相当である」とも判断している。

これらの判断は、他の事件にも参考となろう。

●参考判例・審判例●

名古屋高決平成18年５月31日家月59巻２号134頁〔28130330〕

8　宝くじ当選金を財産分与する文例

一　原審判を次のとおり変更する。

⑴　原審申立人に対し、原審判別紙一の物件目録一及び二記載の土地建物を分与する。

⑵　原審相手方は、原審申立人に対し、原審判別紙一の物件目録一及び二記載の土地建物について、前項の財産分与を原因とする所有権移転登記手続をせよ。

⑶　原審相手方は、原審申立人に対し、1,742万2,972円を支払え。

二　手続費用は、第一、二審を通じ、各自の負担とする。

（東京高決平成29年３月２日判タ1446号114頁〔28253402〕）

判決事例－理由

本件当選金を得たＣ宝くじの購入資金は、原審申立人と原審相手方の婚姻後に得られた収入の一部である小遣いから拠出されたこと、本件当選金の使途も、同人ら家族が自宅として使用していた本件土地建物の借入金約2,000万円の返済に充て、原審相手方が勤務先を退職してからは、毎月、本件当選金を原資として生活費相当分を拠出したこと等が認められる。そうすると、Ｃの購入資金は夫婦の協力によって得られた収入の一部から拠出され、本件当選金も家族の住居費や生活費に充てられたのだから、本件当選金を原資とする資産は、夫婦の共有財産と認めるのが相当である。

（前掲平成29年東京高決）

基礎知識

宝くじの当選金を通常の財産と同様に取り扱っていいかどうかが問題となる。本件の原審である前橋家高崎支審平成28年９月23日判タ1446号

117頁〔28253400〕は、「相手方が当選したCを含む、いわゆる宝くじは、当せん金付証票法（昭和23年法律第144号）の定める当せん金付証票に該当し、同法は、当せん金付証票の発売により、浮動購買力を吸収し、もって地方財政資金の調達に資することを目的としている（同法1条）。」とし、「すなわち、Cを含む宝くじは、その射倖性により購買者を吸引し、その売上金から当選金等を控除した金員を、地方財政の一助とするものといえる。」のであって、「こうした宝くじの法的性格及び役割に照らせば、当選した宝くじ購入資金の原資が夫婦共有の財産である家計の収入であるとしても、当然に全額が夫婦の共有財産となるものではなく、当該宝くじを購入した者には、当該当選金について一定の優位性ないし優越性が認められるべきである。」と判断したのに対し、東京高裁は、本文例のように原審判を変更したのである。

解　説

本文例は、離婚に伴う財産分与としては、宝くじの原資が共同生活費から出ている場合に、清算的要素として、当選金の財産分与を請求できるとした事案の判決主文である。宝くじの当選金であっても、このような形で清算的財産分与を請求し得るとした珍しい事例であるため、参考までに取り上げることとした。

●参考判例・審判例●

前橋家高崎支審平成28年9月23日判タ1446号117頁〔28253400〕
東京高決平成29年3月2日判タ1446号114頁〔28253402〕

9　年金分割の文例

抗告人と相手方との間の別紙1《略》記載の情報に係る年金分割についての請求すべき按分割合を0.5と定める。

（大阪高決令和元年8月21日判タ1474号23頁〔28280163〕）

審判事例－理由

抗告人と相手方の婚姻期間44年間中、同居期間は9年間程度にすぎないものの、夫婦は互いに扶助義務を負っているのであり（民法752条）、このことは、夫婦が別居した場合においても基本的に異なるものではなく、老後のための所得保障についても、夫婦の一方又は双方の収入によって、同等に形成されるべきものである。この点に、一件記録によっても、抗告人と相手方が別居するに至ったことや別居期間が長期間に及んだことについて、抗告人に主たる責任があるとまでは認められないことを併せ考慮すれば、別居期間が上記のとおり長期間に及んでいることをしん酌しても、上記特別の事情があるということはできない。

そうすると、対象期間中の保険料納付に対する抗告人と相手方の寄与の程度は、同等とみるべきであるから、本件按分割合を0.5と定めることとする。

（前掲令和元年大阪高決）

特殊事情・背景

・年金分割の按分割合につき、原審判の大津家高島出張所審令和元年5月9日判タ1474号24頁〔28280161〕は、0.35と定めたが、その抗告審である上記大阪高裁決定は、特別の事情は認められないため、互いに同等として、0.5に変更したものである。

基礎知識

平成16年に年金制度が改正され、離婚時年金分割制度が導入されている。平成19年４月１日以降に離婚が成立した場合、当事者間の合意又は裁判所の決定によって、厚生年金の標準報酬の改定又は決定の請求をすること及び請求すべき按分割合を決めることができる（厚生年金保険法78条の２）。

また、平成20年４月１日以降に離婚が成立した場合、第３号被保険者（いわゆる専業主婦）であった期間については、標準報酬の改定及び決定を請求することができ、特定期間に係る被保険者期間の各月ごとに、当該特定被保険者及び被扶養配偶者の標準報酬月額を当該特定被保険者の標準報酬月額に２分の１を乗じて得た額にそれぞれ改定し及び決定することができることとされた（同法78条の14）。

つまり、離婚時の年金分割制度には、２つのものがある。１つは、合意分割であり、離婚等の場合に夫婦であった者の一方の請求によって、厚生労働大臣等が当該離婚等について対象期間に係る被保険者期間の標準報酬等の改定等の処分を行うものである。この場合、分割できる年金の上限を50％として按分割合を決めることができる。

もう１つは、３号分割であり、夫婦の一方が厚生年金保険及び各共済年金に加入し、他の一方がその被扶養配偶者として厚生年金法上の第３号被保険者と認定されていた期間があるときに、その期間について、被扶養配偶者から厚生労働大臣等に対する年金分割請求により、保険料納付記録当を当然に２分の１の割合で分割するものである。この場合、被扶養配偶者の請求によって年金額は当然に50％に分割されることとなる。

したがって、合意分割の場合には、請求によって按分割合が決まることとなるが、現在の実務では、特別の事情が認められない限り、按分割合は同等として0.5とされている。

サンプル条文のポイント

●サンプル１▶▶▶文例と同様に0.5と判断した場合●

控訴人と被控訴人との間の別紙二年金分割のための情報通知書《略》記載の情報に係る年金分割についての請求すべき按分割合を0.5と定める。

（東京高判平成29年１月26日判時2325号78頁〔28251491〕）

解　説

本文例及びサンプル１は、合意分割における年金分割の按分割合について、特別の事情が認められないとして、0.5とした最近の審判例である。原則0.5とする考え方は、審判事例の理由に述べられているように、「対象期間中の保険料納付に対する抗告人と相手方の寄与の程度は、同等とみるべきである」というものである。

●参考判例・審判例●

東京高判平成29年１月26日判時2325号78頁〔28251491〕

大津家高島出張所審令和元年５月９日判タ1474号24頁〔28280161〕

大阪高決令和元年８月21日判タ1474号23頁〔28280163〕

10　譲渡所得税を意識した不動産の財産分与の文例

1　Ａは、Ｂに対し、本件離婚に伴う財産分与として、別紙物権目録記載の不動産（以下、「本件不動産」という）を分与する。
2　前項記載の本件不動産の財産分与は、Ａに譲渡所得課税がなされないことを前提としているものであって、Ａに譲渡所得税課税がなされる場合には、法律行為の基礎事情に錯誤があったものとして、Ａは、本件不動産の財産分与を取り消すことができるものとする。
3　前項に基づいてＡが本件不動産の財産分与を取り消した場合には、Ａは、本件不動産を直ちに売却し、当該売却に係る諸費用及び諸税を支払った残額の金員をＢに分与するものとする。

特殊事情・背景

・不動産を現物として財産分与する場合、分与を受けた側が課税されるのではなく、分与した側に譲渡所得税が課税されることとなる。
・民法762条２項の夫婦共有財産の推定規定を拡張解釈するならば、財産分与した不動産の価格全部に課税されるのは不当であり、少なくとも実質的共有部分である２分の１額には課税されないというべきであるが、判例及び税務では、そのような拡張解釈は採用されていない。
・離婚に伴う財産分与に関して、民法の考え方と租税法の考え方が食い違っているともいえ、課税されないと考えて財産分与したところ、多額の譲渡所得税が課税されたというような場合には、錯誤があったものとして、財産分与の効果を否定できるという判例もあるため、不動産を現物で財産分与する場合には、本文例のような規定にしておくべきかと考える。文例は、筆者が考えたものにすぎないが、課税されるかどうか不明な段階で離婚協議をしなければならない場合には、文例のような規定を入れておけば安心だろうと思われる。

基礎知識

財産分与で不動産を分与した場合、分与者には財産分与した時点の時価で譲渡して財産分与義務を消滅させたものとされ、分与を受けた側に贈与税等が課税されるのではなく、分与した側に譲渡所得税が課税される可能性がある（最判昭和50年５月27日民集29巻５号641頁〔21050440〕）。

ただし、財産分与した時点の時価が取得価格を上回った場合に、所得が発生したとされることになる。したがって、地価上昇後に不動産を取得しており、当該取得価格が明確になっているときには、デフレ基調の現在は地価が下落しているため、所得が発生しないこともあり得る。

しかし、取得価格が明確になっていない場合には、財産分与した時点の時価の５％を取得価額とみなすことになっているため、譲渡所得税が課税される可能性が高い。もっとも、居住用不動産については、3,000万円を控除できる制度があるため、時価から５％を控除した差額が3,000万円以下であれば、申告すれば課税されないこととなる。

解　説

以上のような税法上の考え方は、一般的にはあまり知られていなかったため、高額の譲渡所得税が課税された事件では、動機の錯誤によって財産分与が無効となる可能性が示唆されており（最判平成元年９月14日裁判集民157号555頁〔22003091〕）、その差戻審では、動機が黙示に表示されており、要素の錯誤にも該当するとして、財産分与が無効と判断された（東京高判平成３年３月14日判時1387号62頁〔22004261〕）。

債権法改正によって、動機の錯誤は、法律行為の基礎事情の錯誤として規定しなおされ、その効果も無効から取消しへと改められた。つまり、表意者が法律行為の基礎とした事情についてのその認識が真実に反する錯誤があり（民法95条1項2号)、法律行為の基礎とされていることが表示されており（同条2項)、その錯誤が法律行為の目的及び取引上の社会通念に照らして重要なものでなければならず（同条1項)、表意者に重大な過失がないこと（同条3項。ただし、相手方に悪意重過失や共通錯誤がある場合を除く）を要件として、取り消すことが認められるに至っている。

したがって、上記平成元年の最高裁判決は、法律行為の基礎事情の錯誤として、債権法改正後にも活きていると考えるべきであろう。

●参考判例・審判例●

最判昭和50年5月27日民集29巻5号641頁〔21050440〕
最判平成元年9月14日裁判集民157号555頁〔22003091〕
東京高判平成3年3月14日判時1387号62頁〔22004261〕

Column 6　財産分与と税金

離婚に伴う財産分与として、不動産を現物で分与した場合、分与された側に贈与税等が課税されるのではなく、分与した側に譲渡所得税が課税されることになることは、本書の本文でも指摘しておきました。そのことを知っていないと、思わぬ結果になってしまうことがあるからです。

私の経験では、不倫して離婚を請求されたいわゆる有責配偶者は、体面を保とうとして過度に大盤振る舞いしようとする傾向があります。たとえば、不倫がばれて離婚届を書けと詰め寄られた場合、「今度のことは全部俺が悪い。お前には何も悪いところはない。だから全部お前に財産を渡して綺麗さっぱりと別れよう。俺はまたゼロから再スタートする。」と大見得を切ってしまうわけです。

まあ、不倫がばれたにもかかわらず、「俺が不倫したのは、お前が至らないからだ。お前が態度を入れ替えない限り、俺が不倫するのも当然だと思え。」などと開き直るよりはましだろうと思いますが、「俺はまたゼロから再スタートする。」というのは、完全な間違いであることに気づいていないのは問題です。なぜなら、財産全部を渡すということは、不動産がある場合、不動産を現物で財産分与することになりますから、譲渡所得税が発生することになるからです。

そうすると、離婚して不動産を現物で財産分与した場合、多額の譲渡所得税が後から課税されることになりますから、「ゼロからの再スタート」ではなく、「完全なマイナスからの再スタート」となってしまうわけです。後から慌てて、「あれは間違いだった。頼むから財産分与をやり直してくれ。」と泣きついても、愛想をつかした元配偶者は、「身から出た錆でしょ。」とつりつく島もないという結末を迎えることになります。

これも本文で述べていることですが、錯誤取消しによる財産分与のやり直しという救済の可能性が残されてはいます。とはいえ、離婚成立後、数か月も経ってそのようなことを言い出すのは、とてもカッコ悪いことになりますから（あの大見得は何だったの？とあきれられることは間違いありません）、税金のことも考えておくことにしましょう。

Column 7　偽装離婚と財産分与

協議離婚の成立要件は、実質的離婚意思の合致があることと離婚の届出をすることの２つです。しかし、離婚する意思がないにもかかわらず、離婚届出が提出されることがあります。離婚に基づく財産分与として保有している財産の名義を別れた配偶者の名義に変更して、債権者の強制執行を免れるためであることが多いといえるでしょう。そのように協議離婚の成立要件を満たしていないのに、強制執行逃れなどのために離婚届を提出して離婚したように見せかけることを偽装離婚といいます。

民法762条によれば、婚姻している間に形成された財産は、一方が自己の名で取得した財産はその名義人の特有財産となりますが（同条１項）、夫婦のいずれに属するか明らかでない財産は共有に属するものと推定されています（同条２項）。この１項と２項のどちらを原則と解すべきかについては解釈の争いがあるのですが、それはさておくとして、財産の名義が債務者の名義になっていないと、強制執行はできないことになります。

たとえば、ＡとＢが婚姻していて、Ａは債権者Ｃに2,000万円の借金があるとしましょう。そして、ＡＢが婚姻後にＡ名義で取得した2,000万円の土地建物があるとすると、ＣはＡが任意に借金を返済してくれない場合、Ａ名義の土地建物を差し押さえて債権回収を図ることになります。ところが、ＡＢが偽装離婚によってＡがＢにその土地建物を財産分与してしまうと、ＣはＢ名義になった土地建物を差し押さえることができなくなってしまうわけです。

　このように財産分与は、強制執行逃れのために使われることもあるわけです。そのような偽装離婚に基づく強制執行逃れがなされてしまうと、債権者はもうどうしようもなくなるのかが問題になります。判例では、そのような場合、「不相当に過大であり、財産分与に仮託してされた財産処分」である場合には、「不相当に過大な部分について、その限度において詐害行為として取り消されるべき」と判断しています（最判平成12年３月９日民集54巻３号1013頁〔28050534〕）。悪いことを考えても、そう簡単には逃げられないのですね。

第5章

面会交流

1　面会交流ルール（日時）の文例

1　面会交流の日時
　毎月第２日曜日の午前10時から午後５時まで
（大阪高決平成28年８月31日判タ1435号169頁〔28251600〕以下の別紙「面会交流実施要領」より引用）

・―・―・―・―・―・―・―・―・―・―・―・―・―・―・

審判事例－主文

1　原審判を次のとおり変更する。
2　抗告人及び当事者参加人は、本決定別紙「面会交流実施要領」のとおり、相手方に未成年者らと面会交流させよ。
3　手続費用は、第１、２審とも各自の負担とする。

（前掲平成28年大阪高決）

・―・―・―・―・―・―・―・―・―・―・―・―・―・―・

特殊事情・背景

・子どもとの面会交流ルールを策定するに当たっては、面会交流調停事件の調停委員会と調査官は、当事者の意向とその理由、子どもの具体的な生活状況や生活スケジュールを検討し、面会交流の具体的実施方法を調整していくこととなる（片岡武＝萱間友道＝馬場絵理子『実践調停　面会交流－子どもの気持ちに寄り添う調停実務』日本加除出版（2018年）377頁以下）。そして、具体的な実施要領を定めることで円滑な面会交流が実施できるよう働きかけていくこととなる。
・文例は、上記大阪高裁の決定に別紙として添付された「面会交流実施要領」で具体的な面会交流の日時を特定している事例である。このような形式で面会交流ルールを定める場合には、「本決定別紙『面会交流実施要領』のとおり」とする審判をすることになる。

基礎知識

面会交流においては、子どもの具体的な生活状況や生活スケジュールに配慮しなければならない。そうしないと、子どもに別な予定があるにもかかわらず、無理やり面会交流させられていると感じるようでは、せっかくの親子のコミュニケーションの機会もうまく機能しないことになってしまう。

つまり、面会交流ルールは、子どものペースに合わせて考えるべきで、親のペースに子どもを合わせようとしないことが重要だろう。そういう意味で、段階的な面会交流などが工夫されることが望ましいのではないかと思われる。

サンプル条文のポイント

●サンプル1▶▶▶面会交流の日時を特定しない場合●

（面会交流の日時）
第1条　面会交流の日時は、毎月1回5時間程度とするものとし、毎月5日までに父母は、当該月の面会交流の日時について、相互に連絡・協力して決定するものとする。

●サンプル2▶▶▶面会交流の日時を段階的に変更する場合●

（面会交流の日時）
第1条　面会交流の日時は、次のとおりとする。
(1)　第1回
　本決定確定日の属する月の翌月の第2日曜日午前11時から午後2時まで
(2)　第2回
　第1回の面会交流日（延期された場合の実施日ではなく、上記

⑴で定めた日）の属する月の翌々月の第２日曜日午前11時から午後２時まで

⑶　第３回

第２回の面会交流日（延期された場合の実施日ではなく、上記⑵で定めた日）の属する月の翌々月の第２日曜日午前11時から午後２時まで

⑷　第４回以降

第３回の面会交流日（延期された場合の実施日ではなく、上記⑶で定めた日）の属する月の翌日から毎月第２日曜日午前11時から午後４時まで

（大阪家決平成30年１月10日判タ1455号70頁〔28264454〕）

解　説

1　面会交流ルールを定める場合に必要な視点

面会交流ルールを定める場合に必要な視点としては、親子間の安定的で継続的な交流を実現するにはどのような内容にするのがいいのかという視点である。一方で、面会交流の実現を重視して、過度に固定的な内容にしてしまうと、子どもの成長に応じた柔軟な交流が妨げられることがあり得るし、子ども自身のペースに応じることもできないことがあり得る。

しかし他方で、あまり緩やかな内容にしてしまうと、何らかの事情によって面会交流の実現が妨げられることもあり得る。子どもを監護している親が一方的な都合で面会交流ルールを守らなかったり、また、養育費の値上げを要求して値上げが実現するまでは面会交流を拒否したりすることもある。そのように子どもを道具として相手との面会交流ルールを守らないことが許されていいものではないが、往々にしてそのような事態が生じることに注意が必要である。

つまり、面会交流ルールを定める場合に重要な視点としては、子ども

の意向や成長に応じた柔軟な面会交流が継続されることであり、かつ、それが継続的に実現できるということである。もし父母や子どもの事情に変更が生じた場合には、子どものために、父母が冷静に話し合って、面会交流ルール自体を変更していくという姿勢が必要だろうと思われる。

2　現在の面会交流に関する紛争の問題点

現在の面会交流に関する紛争で問題として指摘されていることは、子ども目でなく、父母間の精神的葛藤が正面に出過ぎていることである。父母が相互に感情的になって、相手方に対する嫌がらせのために、面会交流ルールの条件闘争が行われることもある。また、時折、子どもを監護していない親から「毎日の面会交流を求める。」という申出がなされることもある。

それは、同居して子どもを監護することができない親としての正直な気持ちなのかもしれない。しかし、それは、子どもにとっては非常に迷惑な話だろう。毎日夜に監護していない親と会わなければならないとすれば、子どもは自分の友達と交流したりクラブ活動に専念したりすることもできないのであるから、子どもを監護していない親としても、面会交流ルールを子ども中心に考えていくことが必要である。

3　面会交流の日時に関するルール～ サンプル１の考え方

面会交流の日時を定めるに当たっては、子どもの生活リズムに配慮しなければならない。子どもの生活状況を尊重して面会交流ルールを定めるためには、サンプル１のように、おおまかなルールだけを設定しておき、父母が協力し合って毎月の面会交流の日時を定める方法も合理的だろう。

もっとも、父母が子どものために冷静に話し合うことができないような高葛藤状態では、毎月協力し合うこと自体が不可能なこともある。また、具体的な日時を定めておかなければ、間接強制による面会交流の実現もできないことになってしまう。面会交流ルールを定めておきながら、それが実現されない場合に、間接強制の決定ができるかについては、次のように判断されている。

最高裁は、「監護親に対し非監護親が子と面会交流をすることを許さなければならないと命ずる審判において、面会交流の日時又は頻度、各回の面会交流時間の長さ、子の引渡しの方法等が具体的に定められているなど監護親がすべき給付の特定に欠けるところがないといえる場合は、上記審判に基づき監護親に対し間接強制決定をすることができると解するのが相当である。」という一般論を示しているため（最決平成25年3月28日民集67巻3号864頁〔28211017〕）、この点にも注意が必要である。

4　段階的な面会交流ルール～ サンプル2の考え方

しばらく面会交流していなかった子どもは、当初の面会交流の機会に過度に緊張することもあるため、サンプル2で定めるように、段階的に面会交流の頻度や時間を延ばしていくのも合理的なのではないかと思われる。

例えば、大阪高決平成22年7月23日家月63巻3号81頁〔28170390〕では、「長期間未成年者と面会交流できなかった申立人が、いきなり頻回に未成年者と面会交流を実施したとしても、未成年者に大きな負担を強いることになり、必ずしもよい結果が得られるとは限らない。（中略）申立人は、未成年者のために冷静に段階を踏んで面会交流を実施し、未成年者との信頼関係を醸成するよう心がけるべきである。」として段階的面会交流を認めている。

また、東京高決平成28年4月26日判タ1434号131頁〔28251119〕では、「最初から相手方（原審申立人）と未成年者らとだけで長時間の面会交流を設定することは、未成年者らにとって精神的負担が大きく、かえって面会交流に対する消極的な気持ちを強くさせかねないことや、未成年者らに対する対応に不慣れな相手方（原審申立人）にとっても課題が多いといえることから、最初は面会交流時間を比較的短時間に設定し、回数を重ねながら、段階的に面会交流時間を伸ばしていく方法を執るのが相当である。」として段階的面会交流を認めている。

●参考判例・審判例●

最決平成25年３月28日民集67巻３号864頁〔28211017〕

大阪高決平成22年７月23日家月63巻３号81頁〔28170390〕

東京高決平成28年４月26日判タ1434号131頁〔28251119〕

大阪高決平成28年８月31日判タ1435号169頁〔28251600〕

大阪家決平成30年１月10日判タ1455号70頁〔28264454〕

2　面会交流ルール（場所）の文例

1　面会交流の場所

第３条

Ｅ市《番地等略》所在の「Ｄ」内とする。

（東京高決平成29年11月24日判時2365号76頁〔28262474〕）

審判事例－主文

一　原審判を次のとおり変更する。

「抗告人は、相手方に対し、本決定別紙面会交流実施要領記載のとおり、未成年者らと面会交流をさせなければならない。」

二　手続費用は、第一、二審を通じ、各自の負担とする。

（前掲平成29年東京高決）

特殊事情・背景

・面会交流の場所については、具体的な場所を指定する場合だけでなく、子どもの受渡場所と時間だけを定めて、特定の場所に限定しないことも多い。ただし、父母の関係が高葛藤状態にあって、子どもの連れ去りに対する不安が大きいときには、特定の施設内だけに面会交流場所を限定することもある。

・本文例は、特定の施設内を面会交流の場所とした審判事例の「面会交流実施要領」から引用したものである。

基礎知識

面会交流の場所については、特定の場所に限定するものと受渡場所と時間だけを定めて場所を特定しないものとがある。間接強制との関係では、面会交流の場所を特定していなくても、子どもの受渡方法さえ具体的に特定していれば間接強制は認められる（最決平成25年３月28日民集67

巻３号864頁〔28211017〕)。

サンプル条文のポイント

●サンプル１▶▶▶面会交流の場所を特定しない場合●

(面会交流の場所)
３　面会場所については、子の福祉を慎重に考慮して、当事者双方がその都度協議のうえ定める。

●サンプル２▶▶▶子どもの受渡方法と時間を定める場合●

(子どもの受渡方法と時間)
２　未成年者の受渡場所
　D駅改札口
３　未成年者の受渡方法
　⑴　抗告人又は抗告人が指定する第三者は、上記１の面会交流の開始時に、上記２の未成年者の受渡場所で、相手方に対し、未成年者を引き渡す。
　⑵　相手方は、上記１の面会交流の終了時に、上記２の未成年者の受渡場所で、抗告人又は抗告人が指定する第三者に対し、未成年者を引き渡す。
(大阪家決平成30年１月10日判タ1455号70頁〔28264454〕の「面会交流実施要領」より引用)

解　説

面会交流の場所については、簡単なようでいて、難しい問題がある。面会交流したい親にとっては、誰からも邪魔されないで子どもと親密なコミュニケーションを図りたいという希望があるのも当然である。しかし、そのような面会交流の環境は、子どもにとっては、例えば、「お父さんとだけの秘密だから、お母さんには絶対に話すな。」と言われるのではないかという不安を引き起こすこともある。できるだけ子どもが不安やプレッシャーを感じないで面会交流できる環境を整えた方が、スムーズなコミュニケーションが図れると思われる。

したがって、父母の間に一定の信頼関係が構築されているのであれば、面会交流のたびに、父母の協議に委ねるだけの面会交流ルール（サンプル1）でもいいと思われる。また、子どもの受渡方法と時間だけを指定しておき、面会交流の場所については、面会交流する側の親に任せる方式が子どもにとっても不安がないかと思われる（サンプル2）。

しかし、父母の関係が高葛藤状態となっていて、面会交流させる側の親に、子どもを連れ去られる危険性があるという不安を抱かせてしまう場合もある。そのような場合には、少なくとも当初の数回の面会交流については、面会交流ルールで面会場所を自由にするというわけにもいかないであろうから、本文例のように、一定の具体的な施設内と定めることにならざるを得ない。

そのような施設としては、面会交流支援団体の施設やその他の公共施設（児童館や図書館など）が考えられる。面会交流のために公共施設を利用する場合には、あらかじめ当該公共施設に予約などをしておいた方がいい場合もある。

面会交流は、面会交流する側の親にも面会交流させる親の側にも不安があるものであるし、子どもにとってはより大きな不安とプレッシャーがあるから、子どもの心身の状況に照らして、子どもが最も不安やプレッシャーを感じず、のびのびとコミュニケーションできるような面会場所を工夫することが重要であろう。

●参考判例・審判例●

最決平成25年３月28日民集67巻３号864頁〔28211017〕

東京高決平成29年11月24日判時2365号76頁〔28262474〕

大阪家決平成30年１月10日判タ1455号70頁〔28264454〕

3　子どもの受渡方法ルールの文例

面会交流の方法

第２条

ア　未成年者の受け渡し場所は、相手方（本件債務者。以下同じ。）自宅以外の場所とし、事者間で協議して定める。協議が調わないとき、JR○○駅東口改札付近とする。

イ　相手方は、面会交流開始時に、受け渡し場所において、未成年者を申立人に引き渡す。

ウ　申立人は、面会交流終了時に、受け渡し場所において、未成年者を相手方に引き渡す。

エ　相手方は未成年者を受け渡す場面の他、申立人と未成年者の面会交流には立ち会わない。

（札幌家決平成24年９月12日民集67巻３号880頁〔28212873〕）

審判事例－主文

債務者は、当事者間の札幌家庭裁判所平成23年（家）第931号子の監護に関する処分（面会交流）申立事件において平成24年５月18日に審判された執行力ある審判正本に基づき、債務者は、債権者に対し、別紙面会交流要領記載の内容にて面会交流することを許さなければならない。

（前掲平成24年札幌家決）

特殊事情・背景

・面会交流の方法については、相手方の立会いのもとで行われる場合と、相手方の立会いはなく、子どもの受渡方法だけを定めて行われる場合とがある。

・本文例は、面会交流の間接強制の可否の基準を明確にした最高裁決定（最決平成25年３月28日民集67巻３号864頁〔28211017〕）の第一審の決定である。この決定でも、「面会交流要領」が定められている。

基礎知識

面会交流の方法については、監護親と非監護親との間に一定の信頼関係が形成されている場合、子どもの受渡方法だけを定めて、監護親が非監護親の面会交流には立ち会わないことも多い。

しかし、監護親と非監護親との間の信頼関係が不十分で、子どもの連れ去りの危険などがあるような場合には、監護親や第三者の立会いのもとに面会交流が行われることがある。弁護士が代理人として面会交流ルールを定める場合、当該代理人弁護士に立会いが求められることが多い。子どもの連れ去りを行わないことの担保としての弁護士立会いということとなろう。弁護士としても大変であるが、やむを得ない仕事である。

サンプル条文のポイント

●サンプル１▶▶▶監護親が面会交流に立会う場合●

（面会交流の方法）

申立人は、平成○○年△月末日までは、相手方の同席を認めなければならない。

（名古屋家一宮支審平成28年９月16日判時2367号62頁〔28262745〕）

●サンプル２▶▶▶第三者が面会交流に立会う場合●

（面会交流の方法）

○県△市内において面会を実施し、抗告人は面会交流を支援する第三者を立ち会わせることができる。第三者の立会いに要する費用は、抗告人が負担する。相手方は面会に立ち会わない。

（東京高決平成26年３月13日判時2232号26頁〔28224362〕）

解　説

面会交流の方法については、子どもに面会交流中の余計なプレッシャーを与えないようにするには、子どもの受渡方法だけを定めて、相手方である非監護親の面会交流に監護親は立ち会わない方が望ましいように思われる。

しかし、監護親としても、相手方である非監護親が面会交流ルールに慣れてつつがなく面会交流が行われるようになるまでは不安であろうし、暴力的な非監護親が子どもを連れ去る危険がある場合などの不安要素があるときには、子どもの受渡方法を定めるだけではスムーズに面会交流が進むものではないだろう。

そのような場合には、監護親自身が面会交流に立ち会ったり、監護親の血族が面会交流に立ち会ったりすることも多い。また、監護親やその血族による立会いではなく、第三者の立会いのもとに面会交流が実施されることも多い。ここでの第三者とは、面会交流の調停・審判の代理人となっていた弁護士に立会いを求められることが多い。もっとも、弁護士の立会いを面会交流の条件にしてしまうと、当該弁護士が業務が多忙で頻繁に立ち会えないこととなると、親子の面会交流を反射的に制限してしまうことになるため、あまり好ましくないこともある。

第三者の立会いとしては、民間の面会交流支援団体による面会交流支援の１つとして、面会交流への立会いが求められることもある。また、面会交流支援団体の施設における面会交流をルールとして定めるのであれば、実質は当該面会交流支援団体による立会いが行われているのと同様である。面会交流支援団体による面会交流支援は、それぞれの団体によって内容は様々であるが、面会交流を行うに当たって、双方の親に面会交流のための親ガイダンスを行っていることが多く、面会交流における様々な不安要素を払拭するためには、親ガイダンスの段階から面会交流支援段階に関わってもらうことが有益であるように思われる。

面会交流支援団体としては、公益社団法人家庭問題情報センター（通称FPIC：Family Problems Information Center）が著名であるが、そのほかにも様々な独自の取組を行っている団体がある。それらの団体の活動は変動していることも多いため、最新の情報をインターネットや電話で確認して支援を求めた方がよいと思われる。

●参考判例・審判例●

札幌家決平成24年９月12日民集67巻３号880頁〔28212873〕
最決平成25年３月28日民集67巻３号864頁〔28211017〕
東京高決平成26年３月13日判時2232号26頁〔28224362〕
名古屋家一宮支審平成28年９月16日判時2367号62頁〔28262745〕

4　間接的な面会交流ルールの文例

2　相手方は、抗告人に対し、二男及び三男がそれぞれ高校を卒業するまでの間、各学期の終了時において、二男及び三男の各成績表を送付しなければならない。

3　相手方は、抗告人に対し、二男及び三男がそれぞれ高校を卒業するまでの間、可能な限り、二男及び三男の近況を撮影した写真を送付しなければならない。

4　相手方は、抗告人に対し、長男、二男及び三男の電子メールのアドレス及びLINEのIDを通知するとともに、抗告人と未成年者らがこれらの通信手段を介して連絡を取り合うことを認めなければならない。

（東京高決令和元年８月23日判タ1472号98頁〔28280204〕）

・―・―・―・―・―・―・―・―・―・―・―・―・―・―・

審判事例－理由

間接交流は、直接交流につなげるためのものであるから、できる限り双方向の交流が行われることが望ましいと考えられる。（中略）　相手方に抗告人の未成年者らへの手紙を未成年者らに渡す義務のみを課す（未成年者らに返事を書くことを指導するなどの義務は課さない。）こととするならば、相手方に大きな負担を課すことにはならず、かつ、双方向の交流を図ることへつながる可能性があるというべきである。

（東京高決平成27年６月12日判時2266号54頁〔28233423〕）

・―・―・―・―・―・―・―・―・―・―・―・―・―・―・

特殊事情・背景

・間接的な面会交流については、手紙や写真の送付という古典的な方法や電子メールなどの通信手段を用いた現代的な方法があるといえよう。

・本文例は、写真の送付だけでなく、電子メールのアドレス及びLINEのIDを通知して、それらの通信手段による間接交流を定めたものである。

基礎知識

間接的な面会交流については、手紙やＥメールのやり取りによって行う方法、LINEやチャットによるやり取りによって行う方法、Skypeや Zoomなどのソフトを使用した画像と音声によって行う方法などが考えられる。コミュニケーションの方法としては、直接的な交流が望ましいかもしれないが、子どものニーズに合わせて間接交流の方法も検討されるべきであろう。また、監護親と非監護親との対立が著しい場合には、まずは間接交流から始めるという発想があってもよいと思われる。

サンプル条文のポイント

●サンプル１▶▶▶手紙と写真の送付とする場合●

⑴　相手方は、本決定確定後、２か月に１回、抗告人が送付した未成年者らへの手紙を速やかに未成年者らに渡さなければならない。

⑵ア　相手方は、抗告人に対し、本決定確定後、４か月に１回、未成年者ｃの近況を撮影した写真（未成年者ｃの顔及び全身を写したもの各一枚）を送付しなければならない。

イ　相手方は、抗告人に対し、本決定確定後、４か月に１回、未成年者ｄの近況を撮影した写真（未成年者ｄの顔及び全身を写したもの各一枚）を送付しなければならない。

（東京高決平成27年６月12日判時2266号54頁〔28233423〕）

●サンプル２▶▶▶間接交流を自由に認める場合●

相手方は、申立人に対し、申立人と当事者間の長女○とが相互に、メール、郵便、ファックス等で節度を持って自由に交信することを認める。ただし、電話については、子から申立人へ発信する場合に限り認める。

（調停協会・条項事例49頁［68］）

解　説

面会交流は、非監護親と子どもとの間で直接的に行われることが望ましいように思われる。しかし、子どもにとって、非監護親と直接的にコミュニケーションを行うことが負担になることもあると考えるべきであろう。監護親が子どもをたきつけて「非監護親には会いたくない。」と言わせているのではないかという疑いを抱くような場合がないとは思わない。しかし、そのような場合であればなおさら、子どもにとっては、非監護親と直接的に会って話をすることが大きな精神的負担になっているのではないかとも思われる。

筆者は、毎年大学の総合講座で「家族と人権」の部分を担当し、多くの学生に離婚と子どもとの面会交流の講義を行ってきた。そして、毎年、学生からの感想として、「自分は親が離婚して、成年になるまで面会交流を義務付けられてきた。どうして子どもが義務を押し付けられなければならないのか。親に会いたくないのではない。しかし、定期的に会うことを義務付けられて、時間も予定も拘束されるのが嫌でたまらなかった。」という声が上がってくる。親としては辛い言葉だとは思うが、面会交流を子ども中心に考えなければならないということなのではないかと思われる。

また、学生の声として、非監護親が再婚するまでは、しきりに面会交流と叫んでいたくせに、自分が再婚して再婚相手との間に子どもが生まれたとたん、面会交流に興味を失い、「面会交流は自分の権利だから、もう放棄する。」などという無責任な態度になったことに腹が立ったというものもある。そのような事例などは、面会交流に関する子ども中心主義以前に、面会交流権の本質が放棄できるような権利ではなく、子どもに配慮する義務であるという認識が大事であるように思われる。

そうであるとすれば、面会交流については、直接的な実施が困難な事情がある場合、間接的な実施も検討されてよいはずである。間接的な実施を「間接交流」と呼ぶこともあるが、間接交流には、手紙やＥメールのやり取りによって行う方法、LINEやチャットによるやり取りによって行う方法、SkypeやZoomなどのソフトを使用した画像と音声によって行う方法などが考えられる。新型コロナウイルスに基づく直接接触を避けるための面会交流方法として、Zoomによる面会交流の試みなども行われており、それは本章５で考えることとしたい。

本文例に掲げた東京高決令和元年８月23日判タ1472号98頁〔28280204〕の事案では、次のような事情が認定されている。「抗告人の行動は、未成年者らにとって、自分たちをだまして実家に連れて行ったのではないかとの疑いを生じさせるものである上、その後、長時間にわたって自己の正当性を主張したことや、未成年者らの言い分に対して耳を傾けることなく、自らの考えを押し付けようとする面があったこと（なお、平成28年４月の面会の際には、『会えなくなったら、寂しくて自殺しちゃうかもしれないよ。自殺してほしい？死んでほしいと思う？』等の不適切な発言もされていた。）等からすると、未成年者らが抗告人との面会交流に消極的になったのにも一応の理由があるというべきである。そして、未成年者らの年齢や理解能力にも照らすと、面会交流の実施に際しては、未成年者らの意向を十分に尊重する必要があると考えられるし、その明確な意思に反して、直接の面会という負担の大きい面会交流を強制することも相当ではない。確かに、上記のような抗告人の行動は、一般に面会交流を禁止・制限すべき事由に当たるとまで評価できないものであるが、一定程度の年齢・理解能力を有する未成年者らが面会交流を明確に拒否する意思を有している以上、監護親に対して、直接の面会の実施や、面会交流に前向きになるような説得を義務付けるのではなく、むしろ、抗告人の側で、手紙、メール、LINE等の方法を用いて、自らの思いを未成年者らに率直に伝えることによって、未成年者らの抵抗感等を和らげ信頼関係を構築するように努め、未成年者らの了解を得た上で、直接の面会の実施につなげていくべきものと考えられる。」

以上のような事情があるのだとすれば、子どもにとって直接的な面会交流は精神的に負担となるであろう。そして、上記東京高裁決定が示しているように、そのような事情があったとしても、面会交流を禁止すべきとまではいえないであろうから、間接交流の方法を検討するのが望ましいと思われる。

●参考判例・審判例●

東京高決平成27年６月12日判時2266号54頁〔28233423〕
東京高決令和元年８月23日判タ1472号98頁〔28280204〕

5　Zoomによる面会交流ルールの文例

1　Aは、Bに対し、毎月第３水曜日の午後６時から午後８時までの間、Bと未成年者CとがZoomによる間接交流を行うことを認める。

2　Aは、Bに対し、毎月第３火曜日の午後８時までに、Aがホストとしてスケジュールを設定し、その翌日に行うZoomによる間接交流のためのミーティング参加ID及びパスワード（又は参加のためのURL）を送信する。

3　Aは、第１項記載の間接交流に参加しないものとし、第１項記載の間接交流についてレコーディングを行わないこととする。

4　Bは、未成年者Cが申し出た場合には、第１項記載の日程を変更し、未成年者Cに負担のない日時をAと再調整するものとする。

・―・―・―・―・―・―・―・―・―・―・―・―・―・―・

特殊事情・背景

・間接的な面会交流については、電子メールなどの通信手段を用いた現代的な方法がある。

・本文例は、新型コロナウイルスの影響下で比較的多く採用されたリモート会議システムであるZoomを使用して間接交流を行う場合の条項について試案を作成したものである。

・リモート会議システムには、まだシステム自体の脆弱性があることも否定し得ないであろうが、リモート授業の成功に照らしてみても、場所の移動を要しないことや準備の簡易さから、非常に有用なシステムと考えられるようになっている。

・Zoomなどを使用した間接交流は、直接的ではない分だけ、コミュニケーションにもどかしさもあるかもしれない。また、受信環境が整っていないと、通信が切断してしまったり、音声が途切れてしまったりするなどの問題がないわけではな

い。しかし、間接交流の対象となる子どもに対する負担が非常に小さいことから、直接交流よりも手軽に実施できるメリットがあるだろう。

基礎知識

Zoomとは、ズームビデオコミュニケーションズ（Zoom Video Communications, Inc.）が提供するクラウドコンピューティングを使用したWeb会議サービス・システムのことである。新型コロナウイルスの影響下でのリモート会議やリモート授業に使用されているシステムであり、リモート会議やリモート授業のためのサービス・システムには他にも数種のものがあるが、ここではZoomを代表例として、リモート交渉について考えてみる。

解　説

間接的な面会交流には、もどかしさや物足りなさを伴うことは否定できない。しかし、非監護親と子どもとの間で直接的に行われることが望ましいように思われる。しかし、子どもにとっては、時間と場所を限定して、非監護親と直接的にコミュニケーションを行うことが負担になることもあるであろう。

また、監護親にとっても、直接交流によって子どもが連れ去られたりする不安がなくなるのであるし、子どもの受渡しなどに気を遣う必要性もなくなるわけであるから、高葛藤の親同士の場合にも間接交流として利用できる余地が広がる。

離婚までの紛争で子どもの連れ去りがあり、面会交流の実施までに相当時間を経過してしまった場合、子どもに与える影響から、面会交流の第１回目がスムーズに進まないことが多い。そうした場合の試行的な面会交流についても、Zoomなどを使用した間接交流であれば、比較的心理的抵抗感が少なくなるという面もあるのではないだろうか。

したがって、Zoomなどのリモート会議システムを使用した間接交流のメリットを活かした面会交流の方法が今後さらに検討されるべきではないかと思われる。本文例では、非監護親と子どもとのコミュニケーションの秘密性を重視した条項にしてみたが、事案によっては、秘密性にはこだわらないがもっと別な条件について定めておきたいという場合があるであろう。その他の条件については、本書の別項でいくつか取り上げるので、それらとの組合せによって、事案ごとにより適合的な面会交流条項を工夫していただきたい。

6　面会交流の禁止事項の文例

1　相手方は、申立人に対し、本審判確定後、2か月に1回、日帰りで、公益社団法人○○等第三者機関の立会いの下、面会交流することを認めなければならない。

2　申立人及び相手方は、前項の面会交流の日時、場所、方法、同交流の際の留意事項、禁止事項について、公益社団法人○○等第三者機関の職員の指示に従わなければならない。

（東京家審平成25年3月28日家月65巻7号190頁〔28220205〕）

・—・—・—・—・—・—・—・—・—・—・—・—・—・—・

審判事例－理由

「申立人と相手方は、現在、離婚訴訟中で、相手方は、申立人からのモラルハラスメントを主張して厳しい対立関係にあり、PTSDを伴う適応障害との診断を受けていることからすれば、当事者間で協議を行うのは困難であると認められること、また、未成年者自身、第三者の立会いを望んでいること等を考慮すれば、本件においては、面会交流の具体的な日時、場所及び方法については、公益社団法人○○等の第三者機関（以下『第三者機関』という。）の指示に従うこと」が相当と考えられる。

（前掲平成25年東京家審）

・—・—・—・—・—・—・—・—・—・—・—・—・—・—・

特殊事情・背景

・面会交流においては、当事者間での具体的な禁止事項をルール化しておくことも多い。会話に関する禁止事項やプレゼントに関する禁止事項などがその代表的なものであるが、包括的に禁止事項について専門的な第三者機関の指示に従うとするものもある。

・本文例は、公益社団法人である面会交流支援団体の禁止事項に包括的に従う旨の条項を定めたものであり、その理由として、当事者間での協議が困難であることと、子ども自身が第三者の立会いを希望していることが挙げられている。

基礎知識

面会交流においては、父母双方が子どもの福祉に配慮しなければならないことは当然であるが、時として、面会交流の場において、適切でない行為が行われることがある。非監護親からすれば、機会の少ない面会交流の場を利用して、子どもとの様々なコミュニケーション手段をとりたいと希望するのは理解できるが、日常的に子どもを監護している親からすれば、たまにしか会わない非監護親が子どもを過度に甘やかすことに抵抗があることも理解できよう。

そうだとすれば、専門的な面会交流支援団体の一般的な禁止事項を遵守してもらうよう面会交流ルールで決めておくことも十分な有効性を持つのではないかと考えられる。その内容の具体的な禁止事項については、会話内容に関するものやプレゼントに関するものなどが挙げられるが、具体的な禁止事項に関しては、本章７以下で取り上げることとする。

サンプル条文のポイント

●サンプル１▶▶▶プライバシー侵害の禁止を定める場合●

面会交流審判の事件記録の写し及び同事件記録を謄写した文書のうち、離婚に至る経緯及び被告及び原告である子の精神的健康状態等、被告及び原告である子のプライバシーに関する内容の文書を、裁判手続以外で、第三者に配布し又は引き渡す等の行為をしてはならない。

（東京地立川支判平成28年２月５日判時2323号130頁〔28251361〕の事案参考）

●サンプル２▶▶▶自由な交流の制限禁止を定める場合●

○○が物心ついて自由に申立人の家に行くときは、相手方は、これを妨げるようなことをしない。

（調停協会・条項事例50頁［72］）

解　説

面会交流における禁止事項としては、様々な言動や行動の禁止があり、過度なプレゼントや現金の交付なども禁止されることが多い。具体的な禁止事項のうち、言動等やプレゼントに関しては、別項でサンプル文例を取り上げることとするが、本項では、第三者機関の立会いを得て面会交流を実施する場合に、当該第三者機関の禁止事項を遵守するという形で、包括的に禁止事項を設けるものについて取り上げることとした。

公益社団法人家庭問題情報センターにおける面会交流の禁止事項には、①昔のことや相手の悪口の禁止、②普段のプレゼントの禁止、③撮影した写真の公表・利用の禁止、④録音・録画の禁止、⑤面会交流中の子どもと外部との通信通話の禁止、⑥飲酒･薬物を摂取しての面会禁止、面会中の禁煙、⑦人や物に対する暴力・暴言・威圧、⑧連れ去り・連れ去り企図の禁止などが挙げられている。

サンプル１については、面会交流に関する審判事件記録などを第三者に配布した損害賠償請求事件において述べられた禁止事項を文例にしたものである。この事件においても、第三者機関の禁止事項の指示に従わなければならない旨の面会交流審判がなされていたが、双方の主張がともに行き過ぎであるとして未確定となっており、現実には面会交流が一度も実施されていなかったため、関係記録が第三者に開示されたという事件である。そのような事態を防ぐためには、サンプル１のような禁止事項も考えられてよいであろう。

サンプル２については、子ども自身が自らの自由意思で非監護親と交流しようとする行為を妨害しないという禁止事項を明確にするものである。子どもの自由意思を何歳程度で認め得るかも問題となるであろうが、監護親と同居しつつ、自ら非監護親と交流しようというのであるから、原則として年齢にかかわらず、自由な交流を認めてよいと思われるが、自由意思といえるかどうか微妙なケースもあり得るため、10歳程度の年齢を想定しておいていいのではないかと思われる。現在の家庭裁判所の調査官調査においても、おおむね10歳以上の子どもであれば、その意向を言語的に表明することができると考えられ意向調査が行われているようである（拙著『子の親権・監護・面会交流の法律相談』青林書院（2019年）186頁以下も参照）。

●参考判例・審判例●

東京家審平成25年3月28日家月65巻7号190頁〔28220205〕

東京地立川支判平成28年2月5日判時2323号130頁〔28251361〕

7　言動等に関するルールの文例

1　申立人は、相手方に対し、面会の際、○○に不安を与え、または相手方の生活の平穏を脅かすような言動を慎むことを約束する。

2　申立人は、○○に悪影響を及ぼすような行動をしてはならない。

（調停協会・条項事例50頁［72］を修正）

・―・―・―・―・―・―・―・―・―・―・―・―・―・―・

審判事例－理由

面会交流に関する言動を問題にした審判例には、「従前に申立人の未成年者らに対する不適切な関わり方、言動等があったこと、申立人が相手方に対して批判的、攻撃的言動を繰り返していることなど、当事者間に離婚紛争による葛藤状況があること、未成年者らが当事者間の離婚紛争が長期化、悪化することへの不安を有していることに加え、申立人と未成年者らとの面会は1年3か月程度実施されておらず、申立人において自身の未成年者らに対する従前の不適切な関わり方、言動等について反省すべき点はないと述べたり、未成年者らの居場所を詮索するかのようなことを述べるなど、いまだに未成年者らに対する配慮に欠ける言動がみられることなどからすれば、今後、面会交流を実施する際の条件等を協議していくことで未成年者らの不安等に対処していくことが望まれるものの、現時点においてはそのような協議は十分にされておらず、未成年者らの心理的負担が過度にならないように配慮することが必要であり、頻度高く面会交流を実施することは相当とはいえない。」とした述べたものがある。

（札幌家審平成29年11月8日判時2388号39頁〔28270184〕）

・―・―・―・―・―・―・―・―・―・―・―・―・―・―・

特殊事情・背景

・面会交流中の非監護親の言動が問題となる場合がある。面会交流の現場では、非監護親の言動が問題視されることは多い。
・特に監護親に対する悪口や監護親の生活状況の調査（ドメスティック・バイオレンスの事例）などが問題である。

基礎知識

面会交流においては、子どもとの直接的な精神的な交流が重要なことはいうまでもない。それにもかかわらず、面会交流の機会を利用して、子どもに対して悪影響や不安感を与えるような言動を行う非監護親がいる。例えば、子どもに対して面会交流の間ずっと監護親がどれほど人間として魅力がないかを話し続けるとか、子どもの生活状況は一切聞かずに、監護親が現在どんな相手と付き合っているか再婚しそうかなどという話に終始するとかいう事例がある。

離婚前にドメスティック・バイオレンスや児童虐待が疑われたような事案では、面会交流の機会を設定すること自体が離婚後の母子の生活に大きな不安と脅威を与える危険性がある。そのため、面会交流のルールを定めるに当たっては、面会交流中の禁止事項を明確にしておく必要がある。

サンプル条文のポイント

●サンプル１ ▶▶▶面会交流中の言動を制限し、相互に良好な関係を保つよう協力義務を定める場合●

一八(1)　申立人及び相手方は、長男に対し、同人が互いの相手方に対して悪印象を抱くような言動を厳に慎む。また、申立人及び相手方は、長男が互いの相手方に対して悪印象を抱いてしまった場合、これを解消するよう最大限努力する。

(2) 申立人及び相手方は、第三者が長男に対し互いの相手方に対して悪印象を抱くような言動をすることを見聞きした場合、申立人及び相手方は、第三者の言動を制止するよう努める。申立人及び相手方は、第三者の言動により、長男が、互いの相手方に対して悪印象を抱いてしまった場合、これを解消するよう最大限努力する。

一九(1) 相手方は、長男に対し、長男が面会交流を拒むように仕向ける言動を一切してはならず、申立人と長男との面会交流の実現に向けて、申立人と長男が良好な関係を保てるように積極的に協力する。

(2) 申立人は、長男に対し、相手方と長男の良好な関係を損なうような言動を一切してはならず、相手方と長男との日常生活において、相手方と長男が良好な関係を保てるように積極的に協力する。

（福岡家審平成26年12月 4 日判時2260号92頁〔28232897〕）

解 説

面会交流における言動の制限については、本文例のように、子どもに対して、「不安を与え、または相手方の生活の平穏を脅かすような言動を慎む」というように直接的な制約規定を定めることは多い。また、サンプル１のように、一方では、非監護親に対して、「互いの相手方に対して悪印象を抱くような言動を厳に慎む。」とするとともに、もし悪印象を与えてしまった場合には、「互いの相手方に対して悪印象を抱いてしまった場合、これを解消するよう最大限努力する。」とし、他方では、監護親に対して、「面会交流を拒むように仕向ける言動を一切してはならず、申立人と長男との面会交流の実現に向けて、申立人と長男が良好な関係を保てるように積極的に協力する。」というように、双方に対して一定の注意義務を課す方法もある。

過去の面会交流に関するルールの変更事例には、「面会交流を求める目的は相手方及びその親族に対しさきの離婚にまつわる憤まんをぶつけるなど本来のそれ以外にあるのではないかと窺われ」る事案につき、「相手方は当初抗告人が本人と面接交渉することを認め、その実現に協力していたのであり、右事実や一件記録によると、当事者間に前記協力体制が作れない原因は、相手方が正当な理由もないのに抗告人に対し悪感情を抱くことに因るものではなく、その多くは抗告人の言動、その性格等にも起因しており、したがつてその責は抗告人も負うべきものと認められる。また、原審判は面接交渉の前提である両親の協力体制の面をやや強調しすぎる嫌いはあるが、要は現段階での抗告人と本人との面接交渉は、総合的にみて本人の健全な生育・幸福の見地から負の要因が大きいと判断している」として、面会交流のルールを変更し、面会交流を一時的に禁止したものがある（東京高決昭和60年６月27日判タ601号60頁〔27800415〕）。

●参考判例・審判例●

東京高決昭和60年６月27日判タ601号60頁〔27800415〕
福岡家審平成26年12月４日判時2260号92頁〔28232897〕
札幌家審平成29年11月８日判時2388号39頁〔28270184〕

8　プレゼントに関するルールの文例

1　申立人は、面会の際、○○に対して、過度のプレゼントを贈らないことを約束する。

（調停協会・条項事例50頁［72］を修正）

・―・―・―・―・―・―・―・―・―・―・―・―・―・―・

審判事例－主文

8　相手方は、抗告人に対し、抗告人が未成年者らに手紙やプレゼント等を交付、郵送等することを妨げてはならない。

（東京高決令和元年８月23日判タ1472号98頁〔28280204〕）

・―・―・―・―・―・―・―・―・―・―・―・―・―・―・

特殊事情・背景

・面会交流中に非監護親が子どもに過度なプレゼントを贈る場合がある。面会交流の現場では、非監護親のそのような行動が問題視されることも多い。

・非監護親の心ない言動の場合とは異なり、過度のプレゼントは非監護親が子どもの歓心を買うための行動とも思われるが、日常的に子どもを監護教育しなければならない監護親の立場からすると、迷惑な問題であることに間違いないだろう。

・非監護親からのプレゼントに対しては、過度のプレゼントを否定する文例を掲げておいたが、逆に、原則としてプレゼントの交付を肯定するとした高裁決定例を掲げておいた。

・これらの考え方は、基本的に反対の立場に立つものであるが、双方の親の関係性との相関でプレゼントを原則的に肯定すべきか否定すべきかが決定されるべきなのかもしれない。なぜなら、プレゼントの交付が否定されるのは、面会交流後の監護親による子どもの監護教育への悪影響からなのではないかと考えられるからである。そうだとすれば、プレゼント交付の可否は、面会交流のルールづくりの際に明確にしておくべき問題であろう。

基礎知識

面会交流においては、非監護親が子どもにプレゼントを交付することがあり得る。特に子どもの誕生日やクリスマスなどの機会には、同居していようがいまいが、子どもは親からのプレゼントを期待して不自然なことはない。お正月のお年玉や受験の合格記念についても同様である。

もっとも、子どもを日常的に監護教育しなければならない監護親にとっては、そのような機会以外に、何らの配慮もなく、子どもにやたらとプレゼントされるのは迷惑であろう。子どもにとっても、非監護親と精神的交流を行うために面会しているのか、それともプレゼントがもらえるから面会しているのかが不明確になってしまうことは好ましいことではないように思われる。

そのため、面会交流のルールを定めるに当たっては、面会交流の際にプレゼントを交付するときのルールも定めて明確にしておく必要がある。

サンプル条文のポイント

●サンプル１▶▶▶プレゼントにつき、誕生日とクリスマスには認める場合●

五　誕生日、クリスマスなどの未成年者へのプレゼントの渡し方
　父と母が協議をして決めるが、協議が調うまでは、誕生日やクリスマスに近接する面会日に父が直接未成年者に手渡すこととする。

（京都家審平成26年２月４日判タ1412号394頁〔28232167〕）

●サンプル２▶▶▶プレゼントにつき、節度ある範囲内で認める場合●

17　相手方は、申立人に対し、申立人が長男へ、節度をもった範囲内で、プレゼントを贈ることを認める。

（福岡家審平成26年12月４日判時2260号92頁〔28232897〕）

解　説

面会交流におけるプレゼントの交付については、全くダメという面会交流ルールはさすがにないようである。誕生日、クリスマス、お正月、合格記念、受賞記念などの際に、過度でないプレゼントを交付することは認められるべき内容であろう。

サンプル１は、基本的に父母の協議でプレゼントのルールを定めるが、協議が調うまでは誕生日やクリスマスなどの場合に限定する文例である。サンプル２は、具体的な場合でなく、節度をもった範囲内でのプレゼントを許容する文例である。いずれも現実的な面会交流紛争事例において、面会交流実施要領として定められた文例である。なお、東京家決平成27年12月11日判時2323号140頁〔28251364〕は、「社会的に相当な範囲内の贈り物を送付することを妨げてはならず、申立人が未成年者宛に送付した贈り物を受領した時は、速やかに当該贈り物を未成年者に交付しなければならない。」と判断しており、「社会的相当性」という基準を示している。

すなわち、プレゼントの可否については、過度でなければ問題ないというのが一般的なルールになっているといってよいであろう。

●参考判例・審判例●

京都家審平成26年２月４日判タ1412号394頁〔28232167〕
福岡家審平成26年12月４日判時2260号92頁〔28232897〕
東京家決平成27年12月11日判時2323号140頁〔28251364〕
東京高決令和元年８月23日判タ1472号98頁〔28280204〕

9　面会交流の費用分担に関する文例

1　相手方は、申立人に対し、本審判確定後、２か月に１回、日帰りで、公益社団法人○○等第三者機関の立会いの下、面会交流することを認めなければならない。

2　申立人及び相手方は、前項の面会交流の日時、場所、方法、同交流の際の留意事項、禁止事項について、公益社団法人○○等第三者機関の職員の指示に従わなければならない。

3　申立人及び相手方は、上記面会交流に関し、公益社団法人○○等第三者機関に支払うべき費用を、２分の１ずつ折半して負担しなければならない。

（東京家審平成25年３月28日家月65巻７号190頁〔28220205〕）

審判事例－理由

面会交流の実施の際にも第三者機関の立会いを要することとし、その費用について双方で折半するのが相当と解される。

（前掲平成25年東京家審）

特殊事情・背景

・面会交流の実施において、当事者に合理的な理由に基づく不安が存在する場合、第三者機関の立会いを定め、当該第三者機関の定める客観的なルールに基づいて、面会交流を実施するのが現実的であろう。

・第三者機関の定める客観的なルールについては、本章６の解説で事例を示しておいたので、具体的な内容は６を参照されたい。

・本文例は、公益社団法人である面会交流支援団体の立会いを認めた本章６で取り上げた審判である。当該審判では、第三者機関の費用分担に関するルールも定めている。

基礎知識

面会交流において、第三者機関の立会いをもって実施する場合、その費用はどちらが負担すべきかの問題がある。一般的に考えると、第三者機関の介入に合理的な理由がある場合には、双方が当該費用を分担し合うべきであろう。しかし、当事者の一方のみに第三者機関の介入理由が存する場合には、その原因となっている側が費用を負担すべきと考えられる。もっとも、第三者機関の介入が子ども自身の安心感を確保するためであったり、状況に応じた専門的な介入を期待していたりするような場合には、それは子どもに必要な費用であるとして、やはり双方が費用を分担し合うと考えるべきであろう。

サンプル条文のポイント

●サンプル１▶▶▶第三者機関の費用を申立人が負担する場合●

△県△市内において面会を実施し、申立人は面会交流を支援する第三者を立ち会わせることができる。第三者の立会いに要する費用は、申立人が負担する。相手方は面会に立ち会わない。

（東京高決平成26年３月13日判時2232号26頁〔28224362〕）

●サンプル２▶▶▶第三者機関の費用を一方が負担する場合●

面会の実施に当たり、当事者の一方が希望する場合は、引渡又は面会の実施あるいはその双方につき、第三者機関の仲介又は立会を利用する。第三者機関利用に伴う費用は、第三者機関の利用を希望した当事者が負担する。

（東京家決平成27年12月11日判時2323号140頁〔28251364〕における申立人の主張）

解　説

面会交流において第三者機関の立会いを求めた場合の費用に関しては、一般論としては、東京家審平成25年３月28日家月65巻７号190頁〔28220205〕が述べているように、「面会交流の実施の際にも第三者機関の立会いを要することとし、その費用について双方で折半するのが相当と解される」であろう。そのような判断をしている審判例は多い。最近では、東京高決平成29年11月24日判時2365号76頁〔28262474〕などがある。

ただし、当事者のいずれかに責に帰すべき事由があるような場合には、責のある当事者に費用を負担させても不合理ではない。もっとも、いずれの責に帰すべきともいいがたい場合には、費用は折半すべきであろう。「利用に係る費用については、当事者のどちらの帰責事由によって第三者機関を利用することが必要になったのか断定することが困難であることなどを考慮すると、折半とすること」と述べる審判例もある（前橋家審平成29年８月４日判時2365号82頁〔28262475〕）。

●参考判例・審判例●

東京家審平成25年３月28日家月65巻７号190頁〔28220205〕
東京高決平成26年３月13日判時2232号26頁〔28224362〕
東京家決平成27年12月11日判時2323号140頁〔28251364〕
前橋家審平成29年８月４日判時2365号82頁〔28262475〕
東京高決平成29年11月24日判時2365号76頁〔28262474〕

10　宿泊を含む面会交流ルールの文例

1　相手方は、申立人に対し、申立人が当事者間の長男○○と、次のとおり宿泊を伴う面会をすることを認め、その実施に向けて積極的に協力する。

(1)　原則として月２回程度

(2)　夏休み期間中は、１週間以上の宿泊を伴う面会とする。

(3)　冬休み及び春休み期間中は、それぞれ３日以上の宿泊を伴う面会とする。

(4)　具体的な面会の日時、方法等については、当事者双方が子の福祉を第一義として慎重に協議して定めるものとして、未成年者の疾病、学校及び保育園若しくは幼稚園の行事その他の事情により前３号の定めにしたがった面会ができない場合には、当事者双方が誠実に協議して代替日を設定する。

（調停協会・条項事例47頁［66］を修正）

・―・―・―・―・―・―・―・―・―・―・―・―・―・―・

審判事例－理由

未成年者の育成を考慮すると、宿泊を伴う方法で面会交流することが、子の福祉に合致すると判断した。

（甲府家審平成22年８月10日家月64巻８号83頁〔28181796〕）

・―・―・―・―・―・―・―・―・―・―・―・―・―・―・

特殊事情・背景

・宿泊を伴う面会交流を実施するのは、日帰りでの面会交流に比して、一段高いハードルがあるといえよう。なぜなら、宿泊を含む場合、相手方が「子どもが帰りたくないと言っている。」として、子どもを帰すのを拒否する危険性があるからである。そういう事態は、子どもの連れ去りと同様であり、当事者間に深刻な対立をもたらす。

・しかしながら、甲府家裁の審判でも指摘されているとおり、宿泊を伴うことが子どもの福祉に合致すると考えられることもあり、ルールを明確にしておくべきである。

基礎知識

面会交流において、非監護親と宿泊を伴って交流することは、短時間の会話だけにとどまらない精神的交流が期待できるのであり、子どもにとっても有益であると考えられる。

しかし、宿泊を伴う面会交流の場合、非監護親が子どもを帰してくれないなどの問題が生じるおそれがあり、そのような不安を払拭するような面会交流ルールを定めておけるかどうかが重要なポイントとなるだろう。

サンプル条文のポイント

●サンプル１▶▶▶第三者機関の費用を申立人が負担する場合●

３　相手方は、申立人に対し、申立人と未成年者が以下の内容で未成年者の長期休暇中において面接交渉をすることを下記のとおり認めなければならない。

⑴　毎年８月１日の午前10時から同月４日の午後５時までの３泊４日

⑵　毎年１月３日の午前10時から同月５日の午後５時までの２泊３日

⑶　場所　申立人の自宅又は山梨県、東京都周辺。但し、申立人又はその指定する代理人は、あらかじめ未成年者の宿泊場所につき相手方に伝えなければならない。

⑷　方法は、第２項と同じ。

（甲府家審平成22年８月10日家月64巻８号83頁〔28181796〕）

●サンプル２▶▶▶第三者機関の費用を一方が負担する場合●

現段階では、宿泊付き面会交流を実施することは相当でない。
（前橋家審平成29年８月４日判時2365号82頁〔28262475〕における判断）

解　説

宿泊を伴う面会交流ルールを設定するには、本文例に掲げたように、子どもの福祉を第一義として当事者双方が協力義務を負うことを明確にしておくべきである。文例では、夏休みと冬休み・春休みで宿泊期間を変化させており、これも子どもの福祉という観点から考慮されていると理解すべきである。

サンプル１は、具体的な審判例で認められた宿泊を含む面会交流ルールである。平成22年の審判例であるため、「面会交流」ではなく、「面接交渉」の用語が使用されている。なお、民法上、「面会交流」という用語が導入されたのは、平成23年の民法改正による（民法766条の改正）。

サンプル２は、宿泊を含む面会交流の意義を否定しているものではないが、高葛藤の紛争直後であることから、「現段階では」宿泊を伴う面会交流の実施は相当でないと判断した審判例である。

●参考判例・審判例●

甲府家審平成22年８月10日家月64巻８号83頁〔28181796〕
前橋家審平成29年８月４日判時2365号82頁〔28262475〕

11　学校行事への参加ルールの文例

相手方は、申立人に対し、申立人が当事者間の長男○○の学校行事（入学式、参観日、卒業式、スポーツ大会等）に参加することを認める。

（調停協会・条項事例49頁［69］）

・―・―・―・―・―・―・―・―・―・―・―・―・―・―・

審判事例－理由

申立人は、保育園や学校行事への参加も求めているが、未成年者Ａは父がいないと友人に話しており（相手方審問調書）、その保育園における生活等に影響がある可能性が否定できないことなどからすると、まずは申立人と未成年者らとの面会交流を実施し、これを継続することが先決であり、現時点では、これを認めることは相当ではないと解される。

（名古屋家審平成28年８月31日平成27年（家）1913号等公刊物未登載〔28290611〕）

・―・―・―・―・―・―・―・―・―・―・―・―・―・―・

特殊事情・背景

・非監護親にとって、子どもの学校行事に参加することは、子どもの成長を直接的に確認する機会であり、子どもに対する責任感を醸成するためにも必要なことであると考えられる。
・しかし、審判事例にも述べられているように、子どもにとっては、非監護親との関係を表明していない状態で非監護親が行事に参加すると、何らかの影響を被る可能性があることも否定できない。
・したがって、子どもの福祉という観点から、子どもに不慮の悪影響が及ばないように配慮して、学校行事への参加ルールを明確にしておくべきである。

基礎知識

非監護親が子どもの学校行事に参加して子どもの成長を直接的に見届けることは、子どもの見捨てられ不安を解消するとともに、非監護親の子どもに対する責任意識を高めるものであって、有益であると考えられる。

しかし、子どもの周辺環境との関係では、子どもにいじめなどの不慮の悪影響を及ぼす可能性がないとはいえないため、子どもの不安を払拭するよう面会交流ルールの中で明確に学校行事への参加ルールを定めておくことが重要なポイントとなるだろう。

サンプル条文のポイント

●サンプル１▶▶▶子どもの福祉に反しない範囲で行事参加を認める場合●

2(1)　申立人は、未成年者らの保育園又は学校の行事に参加する場合、その旨を当該行事の３日前までに、相手方に通知しなければならない。

(2)　相手方は、申立人が未成年者らの保育園又は学校の行事に参加することを妨げてはならない。

(3)　当事者双方は、保育園又は学校の行事において、未成年者らの福祉に反する事態を生じさせないよう慎重に行動しなければならない。

（名古屋家審平成28年８月31日平成27年（家）1913号等公刊物未登載〔28290611〕）

●サンプル２▶▶▶参観日を除く行事参加を認める場合●

3　学校行事への参列について

相手方は、申立人が未成年者の入学式、卒業式、運動会、学芸会、学習発表会、文化祭などの学校行事（父兄参観日を除く）に参列することを妨げてはならない。

（札幌家決平成24年９月12日民集67巻３号880頁〔28212873〕）

●サンプル３▶▶▶広く行事参加を認める場合●

四　父の保育園行事への参加について

⑴　母は、保育園の意向に反しない限り、父が保育園の運動会、生活発表会等の保育園行事に参加することを認め、父と母は、父が参加できる学校行事について別途協議をして決める。

⑵　母は、保育園から行事日程の連絡を受けたときは、すみやかに父に連絡する。

（京都家審平成26年２月４日判タ1412号394頁〔28232167〕）

解　説

学校行事への参加ルールを設定するには、本文例に掲げたように、どのような行事への参加を認めるのかを明確にしておく必要がある。文例及びサンプル３は、非常に広く行事参加を認めているのであり、そのような場合には、当事者相互間での連絡体制が重要となるだろう。

サンプル１は、審判事例に理由を記載しておいたように、子どもが周囲に非監護親はいないとしている事情に鑑みて、非監護親に慎重な行動を義務付けているものである。

サンプル２は、参観日を除く学校行事への参加を認めるものである。やはり、学校行事の中で、授業参観は、子どもと参観者との関係及び参観者たる保護者間の関係がそれぞれ密になるものと思われるため、当面参観日だけは除外するという取扱いも案外多いようである。

なお、名古屋家一宮支審平成28年９月16日判時2367号62頁〔28262745〕

は、非監護親の学校行事への参加を否定したものであるが、その理由としては、「相手方は、学校行事への参加を認める旨の変更審判を求める旨主張している。しかし、未成年者が相手方との面会について心理的負担を感じている現状では、相手方の学校行事への参加が、未成年者の学校生活にまで影響を及ぼすことが懸念され、現時点では相手方の学校行事への参加が父子関係の改善を遠ざけるおそれが強い。したがって、相手方の主張は採用できない。」としている。

●参考判例・審判例●

札幌家決平成24年９月12日民集67巻３号880頁〔28212873〕
京都家審平成26年２月４日判タ1412号394頁〔28232167〕
名古屋家審平成28年８月31日平成27年（家）1913号等公刊物未登載〔28290611〕
名古屋家一宮支審平成28年９月16日判時2367号62頁〔28262745〕

12　祖父母との面会交流を認める文例

相手方（親権者）は事件本人らの引渡を受けた後２か月以内に一度両者協議して決定した日時に抗告人ら（祖父母）方に宿泊させ、抗告人らと面会交流させるものとする。

（東京高決昭和52年12月９日家月30巻８号42頁〔27452287〕を修正）

・—・—・—・—・—・—・—・—・—・—・—・—・—・—・

審判事例－理由

事件本人らが相手方宅が真の住宅であることを自ら納得し自らの意思で相手方に帰宅するようにするため、その引渡のあつた日から２か月以内に少なくとも一度以上抗告人方に宿泊させ、抗告人らと面接交渉をもたせることが相当である。

（前掲昭和52年東京高決）

・—・—・—・—・—・—・—・—・—・—・—・—・—・—・

特殊事情・背景

・祖父母は、親権者ではなく、民法766条１項も祖父母による面会交流は念頭に置いていない。したがって、祖父母は、何らかの権限に基づく孫との面会交流権を保有しているものとはいえない。家事事件手続法上も、祖父母の孫に対する面会交流の申立権は認められないものと考えられている。

・もっとも、子どもの父母が離婚紛争で混乱している場合、未成熟の子どもが祖父母のもとで養育されることは多く、祖父母が自らの養育してきた孫に愛着を示すのも当然な場合がありそうである。

・そうすると、法的には祖父母の面会交流権は認められないとしても、祖父母が孫と面会交流することを面会交流ルールの中で定めておくこと自体は否定されるべきではないし、祖父母と孫とが精神的交流を持つべき場合の面会交流ルールを定めておくことは有益でもあろう。

基礎知識

祖父母が孫と面会交流することは、法的に保障されているものではないが、子どもの監護教育の当事者である父母が協議によって祖父母と孫との面会交流ルールを定めておくことは可能である。

本文例に示した東京高裁決定は、子どもの出生直後に母が死亡したため、母方の祖父母が子どもと同居して養育していたところ、父が再婚して再婚相手がその子どもと養子縁組をし（父の代諾）、父が母方の祖父母に対してその子どもの引渡しを求めた事件につき、祖父母は父に子どもを引き渡すことを命じ、その引渡し後２か月以内に祖父母との面会交流（宿泊を伴うもの）を命じたものである。

その理由としては、審判事例に示したように、祖父母に面会交流権があるというものではなく、宿泊を含む面会交流は、あくまでも子どもが父宅が真の住居であることを納得し、自らの意思で父宅に帰宅するための手段として位置付けられている。

解　説

祖父母の孫との面会交流については、フランス法では、1970年６月４日の法改正によって認められることとなった。具体的な条文としては、「父母は、重大な理由がない限り、子とその祖父母との身上関係を妨げることができない。当事者間に意見の一致がない場合には、その関係の態様について裁判所が定める。」というものである（フランス民法371－４条１項）。なお、フランス民法は、その後さらに改正され、祖父母だけでなく、曾祖父母も含めるよう尊属との身上関係に改められている。

フランス民法の規定は、子どもの権利に対応するものとして、祖父母の自然権的な面会交流権を位置付けているわけではなく、あくまでも裁判所が設定できる権利として定めているように思える。

父母の面会交流権の法的性質に学説的な争いがあり、ただでさえ父母の間で面会交流権の成否が重大紛争となるのに、祖父母にも同様な面会交流権が認められるとすれば、子どもを取り巻く法的紛争はさらに複雑かつ困難なものとなりかねない。したがって、父母の面会交流権と同様な面会交流権を祖父母に認めるべきではないと思われる。

しかし、父母の離婚に伴って、祖父母が実際上の子どもの監護者となっている場合も多く、祖父母が孫との間で精神的交流がなくてもよいというものではない。面会交流権の権利としての性質につき、子どもの権利としてとらえるべきものだとすれば、子どもの権利に対応する祖父母の面会交流権が認められることになる。そのように理解することが実際上の祖父母と孫との関係においても妥当なのではないかと思われる。父母や祖父母を巻き込んでの子どもの奪い合いは、子どもの福祉の観点から最も避けるべきものであろう。

●参考判例・審判例●

東京高決昭和52年12月9日家月30巻8号42頁〔27452287〕

13　ルール変更を予定する文例

具体的な面会の日時、方法等については、当事者双方が子の福祉を第一義として慎重に協議して定めるものとして、未成年者の疾病、学校又は保育園若しくは幼稚園の行事その他の事情により前号の定めにしたがった面会ができない場合には、当事者双方が誠実に協議して代替日を設定する。

（調停協会・条項事例48頁［66］を修正）

審判事例－理由

面会交流の日時の変更については、未成年者らの病気、その他やむを得ない事由が生じて、上記に定めた面会交流の実施ができないときは、当該事由の生じた当事者から他方当事者に速やかに連絡を入れ、当事者間で協議して、代替の面会日時を設定することとし、その場合、原則として、実施予定日の１週間後の同時刻とすることが相当である。

連絡方法については、申立人と相手方のいずれからも具体的な希望は出されていないが、未成年者らの急な体調不良や交通機関の乱れ等で、実施当日に緊急連絡を入れる可能性を考慮すれば、当事者双方の携帯電話を利用して、電話又は電子メールの方法により連絡を取ることが相当である。

（大阪家審平成28年３月17日判タ1435号170頁〔28251601〕）

特殊事情・背景

・面会交流の日程は限られていることが多く、非監護親にとっては、数少ない子どもとの交流の日である。しかし、子どもが病気になったり、学校行事で交流できなくなったりすることもある。それは、子どものために譲歩しなければならないことであろう。

・したがって、事情が変わって面会交流ができない場合につき、あらかじめ代替日設定のルールを定めておくべきだろう。

基礎知識

面会交流のルールをいったん定めたとしても、子どもの健康状態や生活上の支障が生じた場合には、ルールを変更しなければならないときがある。それにもかかわらず、いったん決めたルールだからと押し切ってしまうのは、何よりも子どもの利益を害する危険がある。

したがって、面会交流ルールを定める場合には、そのルールを変更するときのルールもあらかじめ定めておいた方がよいだろう。本文例は、子どもの病気や行事などの事情によって面会交流ができなくなった場合に、父母の双方が誠実に協議して代替日を設定することを定めるものである。

サンプル条文のポイント

●サンプル１▶▶▶緩やかに変更を認める場合●

面会日等の変更

未成年者の病気、その他やむを得ない事情により、上記一項の日時に面会交流が実施できない場合には、当該事由の生じた当事者は、速やかに他方当事者に連絡し、双方協議の上代替日を定める。協議が調わないときは、一(1)の面会日は、第四日曜日の同じ時刻とする。

（京都家審平成26年2月4日判タ1412号394頁〔28232167〕）

●サンプル２ ▶▶▶代替日の予定も決めておく場合●

実施日の変更
　申立人、相手方又は未成年者らの病気その他正当な事由により上記１の日時を変更する場合は、当該事由の生じた当事者は、速やかに他方の当事者に対し、携帯電話又は電子メールの方法により連絡し、協議により代替日を決めるものとするが、代替日は、原則として、実施予定日の１週間後の同時刻とする。
（大阪家審平成28年３月17日判タ1435号170頁〔28251601〕）

●サンプル３ ▶▶▶代替日を予定し、さらなる延期も予定する場合●

面会交流の延期
　未成年者に病気その他やむを得ない事由が発生して、上記１に定めた面会交流の実施ができないときは、その１週間後の第３日曜日に、同様の条件で面会交流を実施する。１週間後にも代替の面会交流日を設定できないときは、当事者間で協議して、当月の面会交流の代替日を、その次の面会交流の日までの間のいずれかの日に設定し、実施する。
（大阪家決平成30年１月10日判タ1455号70頁〔28264454〕）

解　説

　面会交流について、民法766条１項は、子の監護に関する処分の１つと位置付けており、子どもの利益が最優先であることが明文で示されている。面会交流権は、親の権利・権能として理解することができるが、親の利益よりも子どもの利益が優先することを明文化している意義は大きい。
　そして、民法766条３項で、「家庭裁判所は、必要があると認めるときは、前二項の規定による定めを変更し、その他子の監護について相当な処分を命ずることができる。」と定めている。したがって、父母の協議や家庭裁判所の審判によって面会交流のルールを定めたとしても、家庭裁判所は、「必要があると認めるとき」には、そのルールを変更することができるのである。

ここで「必要があると認めるとき」とは、何らかの事情の変更があってルールを変更する必要がある場合を含んでおり、事情変更に基づく面会交流ルール変更を正面から認めているものと解すべきであろう。そのルール変更についても子どもの利益が最優先であって、常に面会交流は子どもの利益に合致していなければならない。

そうだとすると、父母が協議で面会交流ルールを定める場合、将来的に子どものためにルールを変更せざるを得ないことも予想されるのであるから、あらかじめ事情変更によるルール変更のためのルールを定めておいた方がよいだろう。特に、子どもが病気になったり、子ども自身の大事にしている行事が生じたりした場合には、子どもの予定に合わせることが望ましいことはいうまでもない。

サンプル１は、代替日まで定めておくが、非常に広くルール変更を認めているものである。サンプル２は、代替日を原則として１週間後の同時刻としているものである。サンプル３は、１週間後に代替日を設定できないときはさらに協議して代替日を設定することまで予定するものである。

●参考判例・審判例●

京都家審平成26年２月４日判タ1412号394頁〔28232167〕
大阪家審平成28年３月17日判タ1435号170頁〔28251601〕
大阪家決平成30年１月10日判タ1455号70頁〔28264454〕

14　面会交流実施要領の文例

基礎知識

本章１でも書いたように、最近の家庭裁判所実務では、面会交流の具体的な実施方法を調整し、「面会交流実施要領」として定めるものが多くなっている。その場合、具体的な面会交流の内容は、実施要領にまとめられ、面会交流の申立てを認容する審判の主文には、「相手方は、本決定別紙の『面会交流実施要領』のとおり、申立人に未成年者との面会交流をさせよ。」というようなものとなる。本章１及び２の文例に示した審判事例の主文は、申立てが認容されたことに対して相手方が抗告した抗告審の決定になるため、「抗告人は、～相手方（原審判の申立人のこと）に～させよ。」となっている。

したがって、面会交流の方法をどのように定めるかについては、面会交流実施要領をどのように定めるかということになるのであるが、その内容は、本章１（日時）、２（場所）、３（子どもの受渡方法）、６（禁止事項）、13（ルールの変更）などがその中心的な条項となり、４（間接交流）、５（Zoomによる交流）、７（言動等のルール）、８（プレゼントのルール）、９（費用分担）、10（宿泊を含む交流）、11（学校行事への参加ルール）、12（祖父母との交流）などはオプション的な条項となる。

逆に言えば、それらの１つひとつについて定めて一体化すれば、直ちに自分たちの「面会交流実施要領」になるということである。それらの１つひとつを定めるに当たって、最も配慮すべきことは、面会交流することとなる子どもの福祉である。抽象的に子どもの福祉というだけでは明確にならないが、子どもの意向や生活を尊重して、子ども中心主義的に面会交流を行うことと言い換えてもいいだろうと思われる。子ども中心主義的な面会交流こそが、子どもの成長に役立ち、非監護親の子どもに対する親責任意識を適切に醸成していくものと考える。

以下では、本章のまとめとして、具体的な審判例における「面会交流実施要領」をいくつか参考のためにサンプルとして掲げておくこととしたい。

●サンプル１▶▶▶比較的シンプルな実施要領の例●

面会交流実施要領

１　面会交流の頻度及び日程等

⑴　毎月１回、第２土曜日に実施する。ただし、同日に差支えがある場合には、第３土曜日に実施し、これにも差支えがある場合には、順次翌週の土曜日に実施する。

⑵　当事者双方は、上記⑴の実施日に差支えがある場合には、速やかに、携帯電話、メール、手紙など適宜の方法で他方当事者に連絡するものとする。なお、当事者双方は、本審判確定後１週間以内に、互いに、緊急時の連絡先を通知するものとする。

２　面会交流の時間

午前10時から午後５時まで実施する。ただし、初回及び第２回の面会交流は、午前10時から午後２時までとする。

３　面会時の受渡場所及び受渡しの具体的方法

⑴　相手方は、申立人に対し、上記第２項の開始時刻までに、JR[redacted]駅改札口前において、自己又は相手方が指定した者（ただし、Ｃは除く。）によって未成年者らを引き渡す。なお、相手方は、申立人に対し、毎月末日限り、翌月の面会のための受渡者を指定し、携帯電話、メール、手紙など適宜の方法で通知するものとする。

⑵　申立人は、相手方に対し、上記第２項の終了時刻までに、JR[redacted]駅改札口前において、相手方又は相手方が指定した者に対し、未成年者らを引き渡す。

（名古屋家審平成28年８月31日平成27年（家）1913号等公刊物未登載〔28290611〕）

●サンプル２▶▶▶段階的面会及び第三者立会いを含む実施要領の例●

面会交流実施要領

一　第三者機関の関与

(1)　下記第２項以下による未成年者らと相手方との面会交流（以下「本件面会交流」という。）のうち第１回目から第18回までの分は、「特定非営利活動法人Ｚ」（Ｅ市《番地等略》所在。理事長Ｐ２。以下「Ｚ」という。）の職員又は同法人の指名する担当者（以下「Ｚ担当者」という。）の立会いその他の支援を得て行う。

(2)　当事者双方は、本件面会交流に関し、Ｚ担当者の指示に従う。

(3)　Ｚに支払うべき費用は、当事者双方が折半して負担するものとする。

(4)　一方の当事者は、Ｚ以外の第三者機関から本件面会交流の立会いその他の支援を得ることを希望するときは、他方の当事者に対し、第三者機関の変更について協議を申し入れることができる。

二　本件面会交流の実施日、時間等

(1)　実施日

本決定が確定する日の属する月の翌月以降、毎月第一日曜日。

(2)　実施時間

ア　第１回目から第６回目まで

午前10時から午前11時まで（１時間）

イ　第７回目以降

午前10時から正午まで（２時間）

ウ　第13回目以降についての協議

第13回目以降については、一方の当事者は、他方の当事者に対し、実施時間の変更についての協議を申し入れることができ、他方の当事者は、これに応じて本件面会交流の実施時間の変更について誠実に協議するものとする。

⑶　実施日及び実施時間（開始時刻を含む。以下、本項において同じ。）の変更

ア　未成年者らの病気その他やむを得ない事情により、上記⑴及び⑵の実施日又は実施時間を変更する必要があるときは、当該事情が生じた当事者は、第１回目から第18回目までの本件面会交流については、Ｚに速やかに連絡し、当事者双方は、Ｚを介して協議し、代替日又は変更後の実施時間を定めるものとする。

イ　第19回目以降の本件面会交流に関し、上記アの必要があるときは、当該事情が生じた当事者は、他方の当事者に速やかに連絡し、当事者双方は、協議して代替日又は変更後の実施時間を定めるものとする。

ウ　上記ア又はイによる本件面会交流の実施日の変更に係る代替日は、第二日曜日、第三日曜日、第四日曜日、その他の日の順とする。

3　実施方法

⑴　第１目から第12回目まで

ア　場所

Ｅ市《番地等略》所在の「Ｄ」内

イ　未成年者らの相手方への引渡方法

㈠　抗告人は、本件面会交流の開始時刻にＺ担当者が相手方に未成年者らを引き渡すことができるよう、開始時刻に先んじてＺ担当者に未成年者らを引き渡す。

㈡　上記㈠により未成年者らの引渡しを受けたＺ担当者は、本件面会交流の開始時刻に、「Ｄ」内の「プレイルーム」入口付近において、相手方に未成年者らを引き渡すものとする。

ウ　交流方法

未成年者らと相手方とは、「Ｄ」内で三名で交流する。Ｚ担当者は、これに立ち会うものとする。

エ　未成年者らの抗告人への引渡し

相手方は、本件面会交流の終了時刻に、「D」内「プレイルーム」入口付近において、未成年者らをZ担当者に引き渡す。

未成年者らの引渡しを受けたZ担当者は、速やかに未成年者らを抗告人に引き渡すものとする。

(2)　第13回目以降

ア　場所

実施時間終了時に、下記エの相手方が未成年者らを引き渡すべき場所に確実に戻ることができる範囲内

イ　未成年者らの相手方への引渡方法

(ア)　第13回目から第18回目まで

a　抗告人は、本件面会交流の開始時刻にZ担当者が相手方に未成年者らを引き渡すことができるよう、開始時刻に先んじてZ担当者に未成年者らを引き渡す。

b　上記aにより未成年者らの引渡しを受けたZ担当者は、本件面会交流の開始時刻に、E駅（E市《番地等略》所在）北口ロータリー又はその付近において、相手方に対し、未成年者らを引き渡すものとする。

(イ)　第19回目以降

抗告人は、本件面会交流の開始時刻に、E駅北口ロータリー又はその付近において、相手方に対し、未成年者らを引き渡す。

ウ　交流方法

未成年者らと相手方とは、上記アの場所で三名で交流する。第13回目から第18回目までは、Z担当者は、これに立ち会うものとする。

エ　未成年者らの抗告人への引渡し

(ア)　第13回目から第18回目まで

相手方は、本件面会交流の終了時刻に、開始時刻に未成年者らの引渡しを受けた場所において、未成年者らをZ担当者に引き渡す。

未成年者らの引渡しを受けたＺ担当者は、速やかに未成年者らを抗告人に引き渡すものとする。

(イ)　第19回目以降

相手方は、本件面会交流の終了時刻に、開始時刻に未成年者らの引渡しを受けた場所において、抗告人に対し、未成年者らを引き渡す。

（東京高決平成29年11月24日判時2365号76頁〔28262474〕）

●参考判例・審判例●

名古屋家審平成28年８月31日平成27年（家）1913号等公刊物未登載〔28290611〕

東京高決平成29年11月24日判時2365号76頁〔28262474〕

Column 8　原則的面会交流制度

離婚後における非監護親の子どもとの面会交流については、原則として認めるべきなのか、それとも、個別事情を調べたうえで認めるべきなのか、離婚後の共同親権制度とともに激しく議論されています。一方では、子どもの成長にとって面会交流は重要な意義を持っているとする考え方があり、他方では、子どもを虐待していた親に面会交流の機会を付与するのは子どもの福祉に合致しないとする考え方があります。

最近の審判例では、「子と非監護親（非親権者）との面会交流は、子が非監護親（非親権者）から愛されていることを知る機会であり、子の健全な成長にとって重要な意義があるため、面会交流が制限されるのは、非監護親（非親権者）から暴力を受けるなど面会交流することが子の福祉を害すると認められる場合に限られ、そのような事情がないときには、子は非監護親（非親権者）との面会交流が認められるべきである。」（京都家審平成22年４月27日家月63巻３号87頁〔28170391〕）などと述べられることも多く、これが「原則的面会交流」と非難されたりしています。

先に述べた２つの考え方は、両立し得ないものではなく、どちらかを固い原則と考えるべき問題ではないと思います。そうだとすれば、ともに重要な指摘をしている考え方であるとして、上記審判例のように、基本的には、面会交流は子どもにとって重要な意義を持っているということには異論がないでしょうし、非監護親が子どもを虐待するおそれがあるような場合には、面会交流が禁止されることにも異論はないと思います。

そうだとすれば、子どもを虐待しているという証拠がなく、子どもの意思にも反していないのであれば（子どもの意思については、Column10で少し述べておきます）、やはり面会交流を実施することを否定すべきではないでしょう。ただし、夫婦間でドメスティック・バイオレンスがあったために離婚となったような場合、面会交流の実施のために父母が顔を合わせざるを得ないようなことになると、面会交流を実現することは難しいでしょう（子どもの面前でドメスティック・バイオレンスが行われていた場合は、児童虐待に該当しますから、そもそも面会交流は禁止でいいと思いますが）。そのような場合には、適切な第三者の介在（主として子どもの受渡し）のもとに面会交流を実現するしかないのではないかと思います。

Column 9　子の奪い合いと大岡裁き

離婚紛争で一番心が痛むのは、子の奪い合いではないかと思います。親同士がどんなに憎みあって離婚しようとしているとしても、子どもにとっては、どちらも自分と血のつながった親にほかなりません。また、親同士がどんなになじりあっているとしても、虐待などがある場合は別として、子どもとの関係では憎しみがあるものではありません。

それなのに、子の奪い合いのケースでは、子どもである自分を対象として親同士が憎しみあっているわけです。子どもは、自分の愛する両親のどちらかとは、もう一緒に生活することができなくなるのに、最後の最後まで自分を対象とした争いが続いているわけですから、子の奪い合いは、子どもの心を痛めているだろうと思います。

昔の逸話として、子の奪い合いと大岡裁きの話があります。それは、父母間での子の奪い合いではなく、二人の母親（と称する女性）間での子の奪い合いの話なのですが、親子の愛情というものを考えるには、参考になる話ではないかと思います。それは、次のようなものです。

一人の子どもをめぐって、二人の母親が自分こそがその子の本当の母親であると申し出て、大岡越前のもとに訴えてきました。大岡越前は、「その子の腕を両方から持って、引っ張り合いなさい。勝った方を母親としよう。」と述べて、二人を戦わせました。二人とも意気込んで勝負したのですが､子どもが「痛い！」と泣き叫んだとき、一方が思わず手を離しました。手を離さなかった方が勝ち誇って子どもを連れ去ろうとしたとき、大岡越前は制止して、「本当の親なら、子どもが痛いと泣き叫んだときには手を離すだろう。手を離した方が本当の母親である。」と判定したという話です。実は、このような話は、大岡裁きのオリジナルではなく、旧約聖書、インド、中国などにも類似の神話があるようです。

つまり、子の奪い合いは、決して親の本当の愛情から生ずるものではないということでしょう。もちろん子どもに虐待行為がなされている場合には、本当の親は体を張って子どもを守らなければなりません。そのような場合に、子どもを虐待から守ろうとして子どもを連れ去る行為は、親の本当の愛情から生じているものだと思います。しかし、そのような虐待などがないにもかかわらず、自分のために子どもを連れ去るような行為を行うのは、親の本当の愛情とは言えないと思います。

Column 10　子の意思による面会交流拒否

面会交流実施要領が決められていながら、面会交流が実施されずに間接強制の申立てがなされる事例が多くなっています。面会交流が実施されない理由には様々なものがありますが、公表されている事例では、監護親から「子どもが拒否しているから面会交流を実施できない。」という申し入れが行われているケースが多いようです。

面会交流が実施されないために間接強制が申し立てられている事例のうち、子どもが面会交流を拒否していると主張されている場合には、監護親が面会交流を実現しようと努力しているにもかかわらず、本当に子どもが拒絶反応を起こしているものがあります。また、子どもが面会交流を拒否しているわけでもないにもかかわらず、監護親が何の理由もなく子どもが拒否していると主張しているだけのものもあるようです。

したがって、「子どもが面会交流を拒否している。」という主張は、本当に子どもが拒絶反応を起こしているのかどうか、家庭裁判所調査官の調査によって明確にしていかなければならないと思います。

子どもを連れ去られて交流が途絶えてしまった非監護親にとっては、一日でも早く子どもと面会交流を行いたいという気持ちは非常に切実だと思います。もっとも気を付けておかなければならないのは、「早く会いたい」という気持ちがあまりに先走りしてしまうと、子どもが困惑してしまう場合があることです。

日常的に子どもに接していない非監護親が熱心に子どもに語り掛ければ語り掛けるほど、子どもは圧迫感を感じてしまうこともあるでしょうし、そういう子どもの気持ちに気づいた非監護親はどう話しかけていいのか悩んでしまうこともあるでしょう。フランクにさりげなく子どもに働きかけていくことは、結構難しいように思います。また、１回目や２回目はスムーズに交流できても、３回目には話すことがなくなってしまうようなこともありそうです。

現に審判例の中には、子どもが父親との面会交流について、「何時間もゲームとかしてるだけだし、誰かさんは後ろで携帯とかいじってるし。」などと否定的な感想を述べている反面、公園でバッタ獲りをしたり、遊戯施設でゴーカートに乗ったりした時などは楽しかったとも述べているケースもあります（東京地判平成30年６月27日平成29年（ワ）35361号〔29050345〕）。そういう事例を読むと、子どもと面会交流する父親の苦労も多いのだなと感じさせられます。

事項索引
(五十音順)

あ 行

か 行

さ 行

た 行

な 行

は 行

ま 行

や 行

ら 行

判例索引
（年月日順）

著者紹介

平田　厚（ひらた　あつし）

明治大学専門職大学院法務研究科教授・弁護士

［経　歴］

1985年３月　東京大学経済学部卒業

1990年４月　第二東京弁護士会登録

2004年４月　明治大学法科大学院専任教授就任

2012年３月　日比谷南法律事務所設立

［主な著書］

『新しい福祉的支援と民事的支援－英国コミュニティケア改革とわが国の社会福祉基礎構造改革』筒井書房（2000年）

『介護保険サービス契約書の実務解説』日本法令（2000年）

『知的障害者の自己決定権 増補版』エンパワメント研究所（2002年）

『これで納得！成年年齢－18歳成人論の意味と課題』ぎょうせい（2009年）

『親権と子どもの福祉－児童虐待時代に親の権利はどうあるべきか』明石書店（2010年）

『権利擁護と福祉実践活動－概念と制度を問い直す』明石書店（2012年）

『虐待と親子の文学史』論創社（2011年）

『プラクティカル家族法－判例・理論・実務』日本加除出版（2014年）

『社会福祉と権利擁護　人権のための理論と実践』（共著）有斐閣（2015年）

『福祉現場のトラブル・事故の法律相談Ｑ＆Ａ』清文社（2015年）

『新しい相続法制の行方』金融財政事情研究会（2015年）

『審判例にみる家事事件における事情変更』新日本法規出版（2017年）

『判決例・審判例にみる－婚姻外関係　保護基準の判断－不当解消・財産分与・死亡解消等－』新日本法規出版（2018年）

『介護事故の法律相談』青林書院（2019年）

『子の親権・監護・面会交流の法律相談』青林書院（2019年）

『婚姻費用・養育費・財産分与の法律相談』青林書院（2020年）

『成年後見ハンドブック』法曹会（2020年）

『民事における意思能力の判断事例集－取引行為、遺言、婚姻、養子縁組等－』新日本法規（2020年）
『実務精選120　離婚・親子・相続事件判例解説』（共著）第一法規出版（2019年）
『改正民法［債権法］における判例法理の射程～訴訟実務で押さえるべき重要論点のすべて～』（共著）第一法規（2020年）　など多数

サービス・インフォメーション

通話無料

①商品に関するご照会・お申込みのご依頼
TEL 0120(203)694／FAX 0120(302)640

②ご住所・ご名義等各種変更のご連絡
TEL 0120(203)696／FAX 0120(202)974

③請求・お支払いに関するご照会・ご要望
TEL 0120(203)695／FAX 0120(202)973

●フリーダイヤル（TEL）の受付時間は、土・日・祝日を除く
9:00～17:30です。

●FAXは24時間受け付けておりますので、あわせてご利用ください。

子の利益に適う離婚協議
～子どもの未来を考えた協議条項のつくり方～

2021年4月25日　初版発行

著　者　平　田　厚

発行者　田　中　英　弥

発行所　第一法規株式会社
〒107-8560　東京都港区南青山2-11-17
ホームページ　https://www.daiichihoki.co.jp/

装　丁　篠　隆　二

子離婚協議　ISBN978-4-474-07303-6　C3032（1）